颜习斋祠堂今貌(陈卓摄)

卧于李塨墓地荒野中的"李恕谷先生故里"碑(陈卓摄)

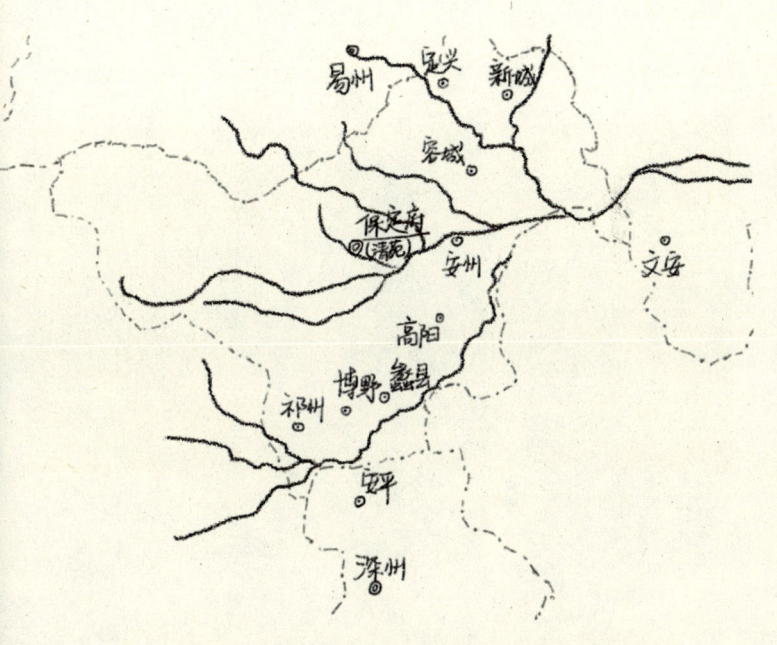

颜元主要交游范围手绘图(以清代直隶中部地图为底本)

目录

导　言　"平庸"的思想者有思想史的价值吗？　001
　　一、颜元其人其学　004
　　二、"平庸者"的思想史：如何可能　020

第一章　血脉与学脉：从人伦困境看颜元的学术思想　039
　　一、身世之变与学术破茧　047
　　二、延嗣之憾与人伦创伤　067
　　三、结论　087

第二章　气质为何不恶：颜元的身体经验与思想构建　091
　　一、颜元论气质之性　098
　　二、颜元对气本论的接受　105
　　三、成圣之具　113
　　四、疾患与学术　125

  五、结论   143

第三章 在乡里"作圣": 颜元与其乡人的互动   149
  一、做圣贤与处乡里   153
  二、共享"异端"文化   169
  三、圣贤与方士   186
  四、结论   202

附录一 颜元年谱简编   209
附录二 颜元交游人物表   231

参考文献   244
主题索引   261

后记   297

导言

"平庸"的思想者有思想史的价值吗？

现代史家深受社会科学影响，更关注物质性、群体性、结构性的因素，倾向于低估个人在历史进程中的作用。和同时代的多数儒者不同，颜元并非书香门第出身，而是生长在一个基层小吏和农民家庭，自己亦曾耕田劳作，日常所接触者，也多以乡民为主。这种生活环境和经历构成其一生事业的底色，使其思想取向流露出一种拙朴坚毅的农家风味，其长处短处皆在于此。

颜元(1635—1704)是中国近世学术史上的要角,任何一部讨论明清思想转型的著作,都难以绕过他的名字。可是多数读者虽似曾耳闻其名,却又很少能对他留下特别深入的印象(最多只能就其主张说上几句简单的概括,至于其人其行,则不甚了然)。就当代史学的潮流看,他更是处在不上不下的境地:往上,其影响力无法与同时代的大儒巨匠如黄宗羲(1610—1695)、顾炎武(1613—1682)、王夫之(1619—1692)相比;往下,他也不是深受晚近史家追捧的"匹夫匹妇"。他虽似知名(在"听闻"的意义上),却又不怎么为人所知(在"了解"的意义上)。其中的主要责任当然应由史家承负,但也不能不说事出有因:颜元的思想,原创程度不高,亦谈不上多么深邃,并无多少发挥空间;他的经历不算复杂,一生太半株守乡里,平铺直叙,少作波澜。这样的一个人,若非机缘凑巧,也许最多只能在方志上留下一个名字,而很难引发后世学人的关注。

一、颜元其人其学

若说颜元的生命史有何与常人不同之处,最直观的大概就是其身世了。他是今河北省保定市博野县(清代为直隶保定府博野县)北杨村人,其父名昶,幼时为蠡县(蠡县与博野毗邻,两县城之间直线距离不足十公里)巡捕朱九祚(本书多称朱翁)抱养,改从朱姓。明崇祯八年三月十一日(1635年4月27日),颜元出生在蠡县刘村,乳名"园儿";十九岁中秀才,取学名邦良,字易直。颜昶与朱氏关系不好,在颜元四岁时离家出走,从此未归。不久,一直没有生育的朱九祚又娶了一房小妾,如愿生下一子,从此对颜元母子日益冷淡。颜元十二岁时,其母大约受不了朱家苛待,终于改嫁。而颜元对自己的身世一无所知,对待朱翁夫妇依然殷勤有加,克尽孝道;对于朱翁父子的刁难,也一直隐忍避让。三十四岁,其养祖母朱媪病逝,他哀毁尽礼,几至于死,令旁观者触目惊心。朱家一位老者观之不忍,偷偷告诉他说:"尔哀毁,死徒死耳。汝祖母自幼不孕,安有尔父?尔父,乃异姓乞养者。"

颜元乍闻此讯,心中震撼,赶去向母亲确认,得知消息属实后,辗转寻回本家。三十七岁时,易名为"元",字浑然;三十九岁,朱翁去世,遂恢复颜姓,迁回杨村。①

颜元给人留下的最深刻的印象是他的孝行。除了对待养祖父母不计嫌隙、克尽厥责,更重要的事迹是他五十岁时出关寻父,经年努力,辛苦备尝,终于找到父亲的坟墓,奉主而归。在明清孝道文化中,万里寻亲是人们喜闻乐道的孝行典范,围绕这个主题产生了大量故事,腾播众口。② 颜元将之付诸实施,立刻名动乡关,官府、士林、细民,皆赞不绝口,至有"颜圣人"之目。

不过,在理论上,"孝子"是人人可为和当为的,颜元志向远大,当然不满足于此。他立志成为"圣人",做个"孝子"仅是其中一部分(虽则是极为重要的部分)。在个人修身之外,

---

① 有关颜元生平的一些史实,历来言说不无讹误,陈山榜教授在实地调研的基础上,做了不少辨正。他特别指出,颜元三十七岁改名为"元",三十九岁方归宗;故"颜元"是其三十九岁之后所用名,惟本书为简便起见,一律称之为颜元或其别号习斋。此外,陈也指出,颜父本名"贾","昹"系朱氏所改。不过,颜元三十七岁时以父亲名义为祖父颁发所立神主,即署名为"孝子昹",故本书亦从众,称为颜昹。参看陈山榜:《颜元身世考》,《石家庄学院学报》第7卷第2期,2005年3月,第68—71页;陈山榜:《颜元学术思想研究中的几个误区》,收在陈山榜、邓子平(主编):《颜李学派文库》,石家庄:河北教育出版社,2009年,第3145—3152页;李塨:《颜习斋先生年谱》(本书以下简称《颜谱》),收在颜元:《颜元集》,北京:中华书局,2012年,第736页(按,本书征引史料,除特别说明者外,皆出自《颜元集》,以下只标篇名,幸读者察之)。
② 吕妙芬:《成圣与家庭人伦:宗教对话脉络下的明清之际儒学》,台北:联经出版事业股份有限公司,2017年,第155—204页。

他也要教化乡里,移风易俗;窥见圣人本旨,直造大道。用今天的话说,他生命的意义绝不只是社会史的,也是思想史、学术史的(尽管就颜元本人观念来看,今日所谓"思想家"和"学者"这两个身份,都是他不愿接受的。不过,本书为表述方便起见,姑且从俗)。而事实也的确如此:提及其大名,我们总会想到"颜李学派"——这个以颜元及其首席弟子李塨(字刚主,号恕谷,1659—1733)命名的思想流派。因此,讨论颜元,必须要从其观念入手,但又不能仅止于观念本身。实际上,他最重要的思想恰是不要思想过多,而要付诸行动。对他来说,行动即是思想。

同宋明不少大儒相仿,颜元在确立自家旨趣之前,也曾历经数次"学变"。他幼时习文应举,与一般士子并无大异,甚至一度"误入歧途":十四五岁,沉迷道教丹法,有志修仙,"娶妻不近";十六岁,"知仙不可学",又耽溺闺房,加之交友不慎,"习染轻薄";十九岁,投入当地名士贾珍(生卒年不详)门下,经其人格感召,"习染顿洗";二十一岁,读《资治通鉴》,决意放弃功名;二十四岁,接触陆、王之学,深喜好之,自号"思古人";二十六岁,读《性理大全》,思想折入程、朱一线;二十九岁,与王法乾(?—1699)订交,始立日记以自课,二人定期集会,质问学行,考核功过,成为终身好友;三十四岁,为养祖母治丧,其间悟及朱子之误,遂毅然自辟门户,倡导回归以习行实践为主旨的"孔孟正途";三十五岁,写下代表著作《存性编》《存学编》,改号"习斋"。①

也像宋明时期的许多大儒一样,颜元认为,儒学自孟子以后就失落本旨,复经佛、老窜染,从此大道沦晦,必须正本清源。其言锋所向,不仅是诸儒多有诟病的科举、训诂等"俗学",而且特别针对着理学,尤其是程、朱一线的理学。在这一点上,他和其时多数儒者(包括他所在的圈子)的选项不同——后者或服膺程、朱,或遵循陆、王,但均不出理学阵营,颜元则有意识跳出其外(至于成功与否,则是另一回事),而将汉、宋传统一壁推翻,其胆识之巨,魄力之大,时人未有。但他也因此而遭致毁誉不一,在其生前更是弹多于赞。

颜元之学,以"习"字为宗旨。一般认为,他所说的"习",主要是"实习""习行"之意,而这又是针对朱子"半日静坐,半日读书"的工夫论,及王学兴起后儒者直面大众的"讲学"之风而发。② 他认为,上古三代,学术只在六府(金、木、水、火、土、谷)、三事(正德、利用、厚生)、乡三物(六德:知、仁、圣、义、忠、和;六行:孝、友、睦、姻、任、恤;六艺:礼、乐、射、御、

---

① 李塨:《颜谱》,第709—726页。
② 习斋反对的不是"读书"这种行为,事实上,他自己都没有放弃读书,且对一些特定的知识(如历法、算术)兴味颇高;他反对的是将"读书"当作一种修身"工夫"。

书、数),外此即是"异端"。① 这些内容不像理学家感兴趣的"性与天道",可以肆口空谈,而必须身体力行。其中,他自己的日常努力,尤在"六艺",特别是习"礼"方面。同时,这个意义上的"习"字也有重实用和功利的意思。晚近学者称习斋是明清"实学"的代表人物,就是从实行、实用这两方面来说。

不过,颜元所言"习"字,除了这个正面的、积极的、工夫论层面的用法外,还另有一重否定性的、人性论层面上的意义。② 他不同意朱熹(1130—1200)把恶归咎于所谓"气质之性"的观点。在他看来,气质与义理一样,皆是天之所赋,因此不可能是恶的来源;恶是由外来的"引、蔽、习、染"作用的结果。在此,"习"作为恶的四个来源之一,和其他几项并列,并不具有更重要的地位。但如果我们把"习"的这两层意思放到一起,就可以发现,对颜元来说,"习"既是造成恶的力量,也是矫正恶的力量。恶既由外烁,也就可以由外及内地消除(参看第二章)。颜元对"外"极为重视,为此甚至不避被人讥笑为"拿腔作势"(参看第三章),和有宋以来"转向内在"的思想取向形成鲜明对照。③

---

① 钟錂(辑):《颜习斋先生言行录》(本书以下简称《言行录》),第685页。
② 梁启超:《颜李学派与现代教育思潮》,收在陈山榜、邓子平(主编):《颜李学派文库》,第2885—2886页。
③ 刘子健:《中国转向内在:两宋之际的文化取向》,赵冬梅译,南京:江苏人民出版社,2002年。

作为明清思想转型的预流者,颜元全面参与了对理学主流的反动:在本体论上,他强调气质的根本地位和本善性质,承续了明代中叶以来的"气本论"思潮;在工夫论上,他将为学方向从读书、静坐转向日常生活的躬行践履,呼应了思想界对"形上玄远"之思和内在体验之路的批判。在行为方式上,他是从晚明放达之风转向"道德严格主义"的推动者之一。① 每年年初,他要为自己规定是年所应遵守的常仪、常功。他以古礼为向导,斟酌时制,加以损益,以成新礼,希望由之改造整个社会风俗。为此,他不但亲率弟子操演,还试图通过学生向外推行,把"其家必设祠堂,家长率家众朔望为礼,子必拜父,孙必拜祖"作为招生条件。② 将之放入更大的历史语境,可以看出(颜元本人当然并非自觉):这些行动既是明代官方和士大夫发起的"礼仪下乡"运动的延续,也是清

---

① 杨儒宾:《异议的意义——近世东亚的反理学思潮》,台北:台湾大学出版中心,2012 年;王汎森:《清初思想中形上玄远之学的没落》《清初"礼治社会"思想的形成》《日谱与明末清初思想家——以颜李学派为主的讨论》,均收在《权力的毛细管作用:清代的思想、学术与心态》,台北:联经出版事业股份有限公司,2013 年,第 1—87、273—340 页;王汎森:《明末清初的一种道德严格主义》,收在《晚明清初思想十论》,上海:复旦大学出版社,2004 年,第 89—106 页;王汎森:《"儒家文化的不安定层"——对"地方的近代史"的若干思考》,收在《思想是生活的一种方式:中国近代思想史的再思考》,台北:联经出版事业股份有限公司,2017 年,第 344 页。

② 钟錂(辑):《言行录》,第 631、643 页;颜元:《代族人贺心洙叔仲子吉人入泮序》,第 410—411 页。其时河北民间仍多有不设祖祠,或虽立"家神神主"而"祭荐不行"的情形,亦可从颜元的谈话中看出,如《言行录》,第 657 页。

代"礼教主义"的先锋。①

和同时代多数儒者不同,颜元并非书香门第出身,而是生长在一个基层小吏和农民家庭,自己亦曾耕田劳作;他日常所接触者,多以乡民为主。这种生活环境和经历构成其一生事业的底色,使其思想取向流露出一种拙朴坚毅的农家风味,其长短之处皆在于此。长处如重力行,讲实用,坚卓自砺;短处则在见书不富,眼界不宽,缺乏深湛之思。颜元到二十六岁才读到当时相当普通的理学教科书《性理大全》;号称为学"初从陆、王入手",但真正通读陆象山(1139—1193)的著作,更已迟至四十岁之后。② 事实上,他后来大力反对以读书为治学方式,未始与此无关:他下意识中或许正因得书不易,而刻意强调不读书亦可成圣,甚而欲成圣即不应多读书,多读书反于成圣有碍。

论者每称颜学,必言六府、三事、(乡)三物,但颜元谈说

---

① 科大卫(David Faure):《明清社会和礼仪》,曾宪冠译,北京:北京师范大学出版社,2016年;刘永华:《礼仪下乡:明代以降闽西四保的礼仪变革与社会转型》,北京:生活·读书·新知三联书店,2019年;周启荣:《清代儒家礼教主义的兴起——以伦理道德、儒学经典和宗教为切入点的考察》,毛立坤译,天津:天津人民出版社,2017年。进一步需要声明的是,尽管颜元激烈地反对朱熹,但事实上,对日常生活中非常具体的礼仪规范的重视,正是朱子学成立的一个重要动因。伊东贵之强调,朱子《家礼》"使作为日常性、经验性的'事'之'礼',和作为'理'之'礼'的两者得到了提升、统合"(伊东贵之:《中国近世的思想典范》,杨际开译,台北:台湾大学出版中心,2015年,第11页)。因此,在这方面,颜元对于朱熹的批评是不公正的。
② 颜元:《读刁文孝用六集十二卷评语》,第508页。

较多且真正得力者,只在"三物"中之"六艺";"六艺"中又以礼、乐、射、御居多,而其真正念念挂怀者,还在一个"礼"字;"礼"的仪目宽广,无事不包,习斋所习又偏重在常民所需(参看第三章)。① 从所言至所行,可谓"损之又损"。晚清朱一新(1846—1894)已注意及此,谓颜元"于射与数,略有所得",然"此亦艺事之常,而遂欲以此立异",不无"虚骄"。章太炎(1869—1936)也说其教学"规模殊隘"。② 如此,则习斋致力的学术范围有限,与其志向之辽阔高远,恰成反比。

颜元所在并非文化落后的穷乡僻壤。虽然无法和江南相比,但蠡县、博野所属保定府一带,长期以来一直是直隶的人才渊薮,明代名臣杨继盛(1516—1555)、孙承宗(1563—1638)、鹿善继(1575—1636),及习斋推崇备至的"北学"泰斗孙奇逢(时称孙征君、夏峰先生,1584—1675),都是保定府人。据王余佑(1584—1615)说,蠡县在保府诸县又可谓人文繁盛之区。③ 故颜元虽读书不多,却有不少结纳"天下善士"

---

① 李塨曾对礼做过分类,可谓无所不包(《平书订》《赠黎生序》,均在《李塨集》,北京:人民出版社,2014年,第1168、1380页。二者大同,亦有小异)。按照他的分类,我们可以说,颜元所习者,基本不出"人人习之以待行"和"随时而行之礼",对于和日常生活关系不大的"待用而行之礼"则很少留意。
② 朱一新:《无邪堂答问》,收在《朱一新全集》,上海:上海人民出版社,2017年,第113页;章太炎:《蓟汉微言》(与《蓟汉昌言》等合刊本),收在《章太炎全集》第2辑,上海:上海人民出版社,2015年,第45页。
③ 王余佑:《行远社约引》,收在《五公山人集》,上海:华东师范大学出版社,2011年,第316页。

的机会。他深受明代士人求友之风的影响,①自称"平生以朋友为性命"。虽因条件所限,不能远足,但自少年起,耳闻家乡附近"为古圣贤者,辄造庐拜访",往往不惜跋涉"百里",相识后即"师之,友之,求切劘我,提相我"。行事主动,态度恳诚。在其交往圈子中,还有一些虽目不辨丁而行为端谨的人,如彭朝彦,亦为习斋所重。②

颜元自称,其生平交游,以"父事者五人":刁包(1603—1669,保定祁州人)、李明性(1615—1683,蠡县人)、张石卿(? —1669,保定清苑人)、张公仪(? —1672,赵州宁晋人)、王余佑(保定新城人);以"兄事者二人":王五修(? —1675,保定新安人)、吕文辅(? —1682,保定清苑人);以平辈相交者三人:郭敬公(? —1678,蠡县人)、王法乾、赵太若(生卒年不详,蠡县人)。③ 他们大都立身皎洁,行事端方,在当地的

---

① 颜元虽然因为强调践行的重要性,而反对时人讲学之风(参看第三章),但"友道"的兴起,确与讲学风气具有密切的联动关系。关于朋友一伦在明代思想论说中的兴起及其与王学的关系,参看吕妙芬《阳明学士人社群:历史、思想与实践》,北京:北京师范大学出版社,2017年,第232—256页。

② 钟錂(辑):《言行录》,第687、694页;颜元:分别在《祭魏帝臣文》《送安平杨静甫作幕序》《佣者彭朝彦传》,第541、406、478—479页。

③ 钟錂:《习斋先生叙略》,第620页;李塨:《年谱》,第721、723页;王源:《颜习斋先生传》,第704—705页;陈山榜:《颜元师友考略》,《保定师范专科学校学报》第18卷第1期,2005年1月,第55—58页。有关这些人物的基本情况,参看本书附录《颜元交游人物表》。更详细的记录,可以参考徐世昌(纂):《颜李师承记》,北京:北京师范大学出版社,2014年。惟此书收人"多多益善",不免过滥之弊。

士林中深孚人望,而学术思想的取径则各有不同,多数人似以宗奉程朱为主,但亦有人受到阳明影响,或试图在朱、王之间加以调和折衷。不过,这些差异丝毫没有妨碍他们的交游往来乃至彼此欣赏。

和颜元毅然跳出圈外、一切自作主张的思想风格相比,这个圈子中大多数人都可以说是谨饬之士。但在与他们的交往过程中,习斋的学行、品性皆有所触动,尤其是弥补了其读书不多的缺陷,所起作用不可忽视:颜元首次听闻气质之外无性之说,就来自张石卿(参看第二章);知道朱子《四书集注》亦不无"支离",来自吕文辅。这些言论对他的触发未必立竿见影,甚至当时还曾引起他的驳辩,但它们暗中扎根,日后无不开花结果,成为其思想的主干(参看第二章)。此外,颜元特意拈出的"习"字,似乎受到刁包的启迪。习斋不止一次提到,刁氏曾"翻孟子之言曰:'著之而不行焉,察矣而不习焉,终身知之而不由其道者,众也!'"①按此句出自《孟子·尽心上》:"行之而不著焉,习矣而不察焉,终身由之而不知其道者,众也!"刁氏将"行"与"著"、"习"与"察"、"由"与"知"分

---

① 李塨:《年谱》,第723页。颜元:《存学编》,第40—41页;对刁包语的类似叙述又见《四书正误》,第243页。

别倒置,意思顿改,凸显出"行""习""由"的价值。① 习斋反复言及此事,可知印象之深,大约也因此强化了对"习"字的感知。

通过这个交游圈子,颜元得以伸展自己的思想触角,感受时代风向,承接上更大的儒学传统。事实上,除了"气本论"、工夫论等,习斋的观点与时人不谋而合处还有很多。比如关中大儒李颙(1627—1705)也注意到"习"的作用:"性因习远,诚反其所习而习善,相远者可使之复近;习之不已,相近者可使之复初:是习能移性,亦能复性。"又云:"习字则字成,习文则文成,以至百工技艺,莫不由习而成,况善为吾性所本有,岂有习之而不成者乎?"同样指出"习"的两面性,思路与颜元不无相通,只是李颙仍将自己定位在理学传统中,并未锚定此字,由此着力,打破理学的思想系统。②

重功利、重实效也是清初思想界的共性,比如唐甄(1630—1704)就批评理学劳而无功,"天实生才,学则败之

---

① 不过,对于刁包的第三句话,颜元的看法应不一致:比起"知之而不知其道",他可能宁愿选择"由之而不知其道",因为他是服膺"民可使由之,不可使知之"的。详论参看本书第三章。
② 李颙:《四书反身录》,收在《二曲集》,北京:中华书局,2006 年,第 502 页。李颙又言:"讲学本为躬行,如欲往长安,不容不讲明路径,若口讲路程而身不起程,自欺欺人,其病更甚于不讲,岂不尤为可忧?"(同书,第 456 页)与颜元批评朱子读书讲学不是亲自去"走路",而"只效圣贤言便是走路"(《存学编》,第 86 页),亦是同一构思。

矣"。① 这一认知的出现,自明末已然,但明清鼎革的政治动荡无疑强化了士林朝向这个方向的反思。方苞(1668—1749)曾云:"仆少所交,多楚、越遗民,重文藻,喜事功,视宋儒谓腐烂。用此,年二十,目未尝涉宋儒书。"② 对遗民而言,"喜事功"即是悲胜朝,其实不无追悔心态。③ 方苞非遗民,但显然受到遗民心境的熏陶。至于以遗民自居的王余佑,则大力指斥"南宋君臣守江非策",④影射之意显著昭明。颜元也喜欢陈说宋代国势衰弱,不过他的意思是想借此证明宋学于人无益,抑且流毒深远。

若说和同时代人相比,颜元的思想有何特色,那就是他把这些观念推向极端,发展出一种更加激进的立场。他终身热衷于与朱熹缠斗,随时不忘对之加以缺席审判,甚至带有几分刻毒。朱熹的反对派不少,但其中态度激越如习斋者,还很少见。在我看来,这多少是他在现实生活中不快情绪的

---

① 唐甄:《潜书(附诗文录)》,北京:中华书局,2009 年,第 3 页。
② 方苞:《再与刘拙修书》,收在《方苞集》,上海:上海古籍出版社,2012 年,第 174—175 页。
③ 此处另需注意的是方苞提到的"重文藻"一点。许多遗民面对天崩地坼的大变局,一改明末的浮华士风,提倡一种刻苦自励的生活方式,其中一项就是对文藻的摒弃(王汎森:《清初士人的悔罪心态与消极行为——不入城、不赴讲会、不结社》,收在《晚明清初思想十论》,第 188—247 页),但方苞笔下的这些"楚、越遗民"在这一点上则似无动于衷,说明问题尚有更为复杂的层面,值得进一步追索。
④ 李塨:《五公山人王先生行略》,收在王余佑:《五公山人集》,第 391 页。

投射(参看第一章)。其次,无论是批判对手还是自我建树,颜元的思想都过于化约,但也正是这种简化,给了他一往无前的勇气。钱穆(1895—1990)称其为"北方之强"(参看下文),可谓一针见血。① 颜元思想的另一个特色是他认定读书有害健康;他所谓身体力行,也不仅是儒者常说的亲身实践,而且更密切地指向对"肉身"的关注(但绝非要解放欲望),这又可追溯到他的病痛经验,以及作为一个医生的职业关怀(参看第三章)。

颜元思想的极端化和简单化倾向泄露了他的某些性格特征。他早年为学,不无轻信:二十四岁接触陆、王,"以为孔、孟后身也";二十六岁服膺周(敦颐)、程(颢、颐)、张(载)、朱(熹),"以为较陆、王二子尤纯粹切实,又谓是孔、孟后身也"。当其时,"莫谓闻诋伊川(程颐,1033—1107。引者注,下同)、晦庵(朱熹)者怫然怒,但闻朱、陆互有长短者亦怫然怒。尝称'周元公(周敦颐)真圣人''朱文公(朱熹)真圣人',不惟举诸口,亦已笔之书"。自谓读到朱熹对陆象山、陈亮(1143—1194)的批评后,"此时虽有以二家书进者,必摒而不观矣"。② 然而,其轻信又轻疑。他后来对朱学有如仇雠,和当初的信从之笃诚其实是同一路数。

---

① 钱穆:《中国近三百年学术史》,北京:商务印书馆,1997年,第220页。
② 颜元:《王学质疑跋》《读刁文孝用六集十二卷评语》,分别在第496—497、508页。

不过，颜元的性格亦不无复杂和矛盾。一方面，他自信力极强，曾放言：即便"释迦恶魁"，听了自己的规劝也会"垂头下泪"；至朱熹所言"皆不难自驳倒。若有人以不肖性辨及孔子教法进，必豁然改悟。恨吾生也晚，不获及门矣！"他初识王法乾，二人各自矜持，互传口信，皆未肯主动登门。后颜元听闻法乾自称真武大帝转世，乃"大惊曰：'吾儒有才如此，而切磋无人，致使孤立生骄，认妄为真，其如天生才之心何！'于是登门纳交，相规以正"。后听说孙承宗的侄孙孙衷渊（生卒年不详）沉溺佛道，又"惊起跌足曰：'何为然哉？其吾之罪也夫，其吾之罪也夫！'"皆是自以为大道在手、担负天下命运者才脱口而出的话。故他读刁包《用六集》中"《春秋》以天自处，口代天言，身代天工"一语，以为深合己意，"不觉喜跃"。① 他的欢喜，大概就在"以天自处"四字。其高自位置，由之可见。

但颜元有时也颇不自信，甚至不惜自贬，尤其当他谈及命运之事（参看第一章）。他曾对王法乾说，想把著作献给孙奇逢，"借以回天下"。法乾道："人自为耳。何必伊！"颜元答道："天生材自别"，有王者之才，有辅佐之才。"天生王者，其

---

① 颜元：《存学编》《与高阳孙衷渊书》，分别在第 40、69 页，第 455 页；颜元：《读刁文孝用六集十二卷评语》，第 510 页。刁包原文见《春王正月八则》，收在《用六集》(《清代诗文集汇编》编纂委员会[编]：《清代诗文集汇编》第 18 册，以下所用此书，皆系此本），上海：上海古籍出版社，2010 年，第 591 页。

气为主持世统之气,乃足系属天下,非其人不与也。"儒者"教世"亦然,"是其人也,天下附之;非其人也,学即过人,而师宗不立"。在他看来,孙即儒教"王者",自己只能"复明此学",而"非身见之材"。①

颜元的另一个矛盾之处在于,他一向提倡关注现实,反对士人做个"自了汉"。但明清交替之际的政治动荡,以及由之引发的社会冲击,②甚至是身边发生的事件,如满人在河北的"圈占",只是偶尔出现在他笔下,并未成为其持续关注的一个主题。③ 对一个关心民瘼的儒者来说,这种"沉默"不同寻常。其中可能不无自保意味,但亦和他终身为朱子学所困有关。他与朱子划清界限的意识太过鲜明,在在处处与之立异,反在不自觉中为"对手"的运思方式塑造。朱子多讲读书,习斋便讲习行;然而其习行仍在书斋里进行,针对的还是

---

① 颜元:《存学编》,第52页;又如,《四书正误》,第166页。孙奇逢的学术路径与习斋大不相同(有关夏峰学术,参看王坚:《无声的北方:清代夏峰北学研究》,北京:商务印书馆,2018年),而颜对其一直仰若泰山,似与此认知有关。
② 比如潘平格(1610—1677)就曾有一段沉痛描写:"读《孟子》'父子不相见,兄弟妻子离散,老弱转乎沟壑,壮者散而之四方',即恻然伤心。今日世界恰是如此:乱离之惨,杀戮之痛,不知多少;无辜死于兵刃,死于蹂躏,死于水火,死于饥寒,死于恐怖;父子、兄弟、夫妻、老幼,或死或掳,不得一见。言念至此,锥心刺骨,泪出痛肠!"《潘子求仁录辑要》,北京:中华书局,2009年,第223—224页。
③ 关于圈占,参看秦佩珩:《清代前期圈地问题阐释》,《中州学刊》1982年第3期。颜元文中提到此事,共有四处,均是一带而过,仅有一些侧面反映。见《存治编》《孝悫子传》《节白李处士传》《巡捕朱公行实》,第103、472、477、584页。

读书人。再从其著作看,无论是议题,还是术语、立论方式,也无不在理学的辐射范围内。他批判理学家空言心性,其实不无误解;① 而他从理学传统中之所得,则远超其自己的认知。事实上,他真正系统讨论经世的著作《存治编》,是其作为理学信徒时期的作品;在突破程朱藩篱后,反而缺乏新的建树。这一点,怎么看都像是一个讽刺。

然而,20 世纪以来的思想史、学术史研究,大都倾向于强调颜元思想的突破性甚至"现代性":他的气质论、习行论和以致用为标准的学术取向,被不同程度地拿来同"科学""实验主义""唯物主义""民主主义"相比,乃至被视作"礼教"批判的先声,而全然不顾习斋本人就是礼教的推动者。② 这些抽离颜元时空所在的论点,无疑歪曲乃至颠倒了习斋本意。梁启超(1873—1929)、胡适(1891—1962)、陈登原(1900—1975)和侯外庐(1903—1987)等人,皆是在借助"颜元"这个符号,发抒自己的理想,与徐世昌(1855—1939)等对

---

① 余英时:《宋明理学与政治文化》,桂林:广西师范大学出版社,2006 年,第 6 页。在朱鸿林看来,明代地方官从朱熹著作中寻找解决实际治理问题的线索,实乃晚明清初实学兴起的动力。参看 Chu Hung-lam, "Intellectual Trends in the Fifteenth Century," *Ming Studies*, Vol. 27, 1989, pp. 1-33.
② 陈山榜、邓子平主编的《颜李学派文库》中收录了清代以来海内外代表性的研究论著 8 种、论文及资料 41 篇,书后并附《文献索引》一份(截止于 2008 年),颇便利用,可以看出有关的研究情形。此外,陈山榜的《颜元评传》(北京:人民教育出版社,2004 年)是目前颜元研究中最为扎实的一项成果。

"颜李学派"的政治利用,未必有何本质不同。① 这一情况,直到近年来,随着杜维明、杨瑞松(Jui-sung Yang)、张循等人成果的发表,才有所改变。他们已通过对颜元生平与思想的重新梳理,纠正了不少既存认知的偏差,为有关研究开辟了一番新景象。②

二、"平庸者"的思想史:如何可能

本书不是一部颜元或其思想的传记,只是希望在学界现有成果基础上,就一些自认思考有得的专题,略做探讨与发

---

① 关于晚清民国时期思想界和政治界对于颜李学派的认知与利用,参看王学斌:《颜李学的近代境遇》,北京:商务印书馆,2017年。

② Tu Wei-ming(杜维明), "Yen Yüan: From Inner Experience to Lived Concreteness," in *Humanity and Self-Cultivation: Essays in Confucian Thought*, Berkeley: Asian Humanities Press, 1979, pp. 186 - 215. 杨瑞松:《追寻终极的真实——颜元的生平与思想》,新北:花木兰文化出版社,2011年;Jui-sung Yang(杨瑞松), *Body, Ritual and Identity: A New Interpretation of the Early Qing Confucian Yan Yuan (1635 -1704)*, Leiden, Boston: Brill, 2016.(需要说明的是,本书前两篇探讨的课题,和杨氏著作特别是英文著作有重合之处,但本书诸文的讨论重点和思考范围,与之都有不同,读者不妨对看。)张循:《"颜元"的诞生——清初学者颜元思想激变过程的重建与诠释》,《中山大学学报》(社会科学版),2019 年第 5 期,第 107—120 页;张循:《狂者之言与狷者之态——颜元的学术分裂与清初士人文化的两个风势》,《中山大学学报》(社会科学版),2021 年第 1 期,第 73—83 页。商伟强调了颜元思想对朱熹的继承,质疑了其原创性。见其《礼与十八世纪的文化转折:〈儒林外史〉研究》,严蓓雯译,北京:生活·读书·新知三联书店,2012 年,第 63—66 页。

挥。当然,在阅读、思考和写作过程中,我也产生了一些贯穿性的想法,构成了将它们结集到一起的动机。

首先,如我在第一章结论里指出的,从今日我们理解的"哲学"或"思想"的角度看,颜元的观点并不深刻,其平日讲说的道理,大都是前人已经说过的陈言;放在全国范围内看,其影响力在当时也非常有限,虽经李塨奋力宣扬,还是没有逃脱昙花一现的命运,到了第三代就寂然无闻。若非从戴望(1837—1873)以来近代学人的连续误读,颜元大概至多不过是在博野、蠡县一带闻名的"乡里"级别的"圣人"而已。① 既然如此,他是否还具有思想史的研究价值?

我的看法是,历史上绝大部分读书人都是如同颜元一样的,甚至是比他更为"肤浅"的思想者。若以原创性与深刻性为标准,势必要将他们排除在思想史的论述之外。但如此一来,思想史的议题将日趋狭窄,有些重要现象也很难解释:少数人头脑中的思想风暴,怎样成为多数人心中不问自明的"常识"? 反过来,为何有些被后人认为极其精彩的言论(比

---

① 颜元交游虽广,但足迹所履多在蠡县、博野左近,较远的出行仅有三次:一次是三十九岁,与会中同人赴曲阜,祭拜孔庙、孔墓(李塨:《颜谱》,第738页);另外两次分别是五十岁出关寻父与五十七岁南游中原。从后见之明来看,这三次出行具有极强的象征意味:第一次是受道,第二次是行道,第三次是传道,完美地诠释了一个"圣人"最重要的三个生命节点(他本人当然不是有意识的)。除此之外,他一生的大部分时间,都只是一个"乡曲之士"(当然,这并不妨碍他可以胸怀天下)。

如黄宗羲的《明夷待访录》），却难以真正变为当时公众的日常？纸面和实践之间的落差，到底是如何形成的？要阐明这些问题，我们的目光不能仅仅盯住少数特出角色。如同珠穆朗玛峰只有在青藏高原才能出现，思想大师既是对其所在时代平均思想海拔的超越，也无法离开后者这一根基。

因此，若想在更广泛的社会层面了解思想的历史，我们就绝不可忽视颜元这样的基层圣贤的作用。他们既通过引用"大传统"推动了中国文化的统一，也通过自己的选择决定了经典和精英理念进入社会的渠道和运作方式，在相当程度上影响了思想的流向和力度。透过"基层圣贤"这一中介，我们也更容易觉察，作为被教化群体的闾阎小民，如何按照他们自己的想法，再次改写这些思想（参看本书第三章）。经过数次转手，许多观念已经远离了其本来面貌，甚或已与其创造者的原意南辕北辙，但它们的活力也正来源于此。这几种力量既和谐又冲突，一起形塑了基层社会的思想面貌，也将中国打造成为一个充满连续性的异质共同体，呈现出既统一又富有张力的文化格局。

但是，如果要把这些并不深刻乃至"平庸"的思想者纳入考察范围，传统思想史的方法是不够的。仅以颜元来说，他的观念直接来自他的生命，和他这个人融为一体，无法分为二事。这就需要我们把作为历史背景的生活提到前台，将探索的触角从理论、概念、命题转向"活着"的人,将思想史转化为融合物质与观念、理智与情感、行动与心灵、个体感受与群体价值为一体的生活—文化史研究。为此,我引入王汎森教授的"思想是生活的一种方式"的概念,希望通过重建颜元的生活遭遇,寻索他面临的切己问题,进而展示那些"陈词滥调"对他的独特意义。显然,这意义主要是实践性,而不是思辨性的。换句话说,对颜元(及其同类人)来说,思想是对生活中所遇难题的解答,是我们究竟应该如何活着的指南和索引。观念要产生力量,必须转化并融入生活本身。这不是通过讲学或著述,而是透过我们整个身体(心灵和肢体)才能达到的。这就是我在第二章所说的"道成肉身"的意义,而也正是这一点赋予颜元那平平常常的言说以一种特殊的魅力。

在这个层次上,道既是旧的,也是新的。"旧",是因为它早已被圣人发现,因而已经成为"常言俗语",甚至面临着被过度使用的风险。但这并未使其贬值;相反,它的内在价值,也恰好就体现在其"平常性"中。对于颜元那个时代的人来说,如我们今日定义的"思想家"那般,一定要讲出与众不同的"新"观点,这一追求本身就是可疑的。但道的确也是"新"的。"新",是因为每个人都必须亲身实践和体会才能窥见其面目,不同人的体会不可相互替换,即便他们的最终所得完全相同。道之所以为"大",就是因为它需要我们不断去重新发现并且通过切身参与而加以确认。思想的意义不只体现在它如何被"说"出来，更重要的，也体现为如何被"做"出来。任何一个见道者的观念，既彼此相同（因此才印证了他们所得乃是天下"大道"），又独一无二（各人得道的下手之方和趋近之路又如鱼饮水，冷暖自知）。因此，颜元本不要说出什么"新"意，他本来无需重述圣人之言，只因异端破坏，鸠占鹊巢，此道湮灭，才使他要说的"常"理成为"新"知。

在社会学意义上，这种认知也使得"圣人"与"凡夫"，乃至"愚夫愚妇"之间的差别变得复杂起来。如第三章试图展示的，对颜元和他身边许多同志来说，追求"成圣"，就是努力去做好"愚夫愚妇"。当然，此中不是没有差别：原初意义上的"愚夫愚妇"，和经过努力才成就的"愚夫愚妇"，完全是人生的两个境界，后者是"如愚"而已，不能理解为真的愚笨。圣人的心中其实毫发分明，清清楚楚，但因为道的样子就是平平常常，绝不惺惺作态；践行大道，也就是回到这种表面上看不到耀眼光泽的状态，这使他变得厚实。这正如青原行思（671—740）有名的公案所说：从参禅前的"见山是山，见水是水"到悟道后的"见山是山，见水是水"，中间必须经过一个"见山不是山，见水不是水"的辩证境界。因此，重要的不是在日常生活之外寻找真理，而是通过向"普通人"的复归，同时超越"普通"的状态。

其次,我在颜元的遭遇中看到了儒家思想的"强者"性格对儒者实际生活产生的多元影响。我要预先声明,我当然不是说,"强者"是儒家思想性格的唯一特质,但儒学确实是非常推崇"自强不息"的,"强"的概念很早就进入儒者的思考范围。其中比较著名的,如《中庸》里的"子路问强"章:"子路问强。子曰:南方之强与?北方之强与?抑而强与?宽柔以教,不报无道,南方之强也,君子居之。衽金革,死而不厌,北方之强也,而强者居之。"钱穆评价颜元为"北方之强",依据就在这段话中。至少从表述上看,孔子在两种不同的"强"之间,并未遽做取舍,而是采取了一种持平态度,承认它们各有所长。不过,我所谓儒家的"强者"性格,与南强北强无关,而是指儒家的一个基本假定:一个人可以并且只能通过自身的选择和努力成为圣贤。所谓"仁远乎哉,我欲仁,斯仁至矣"(《论语·述而》),关键在于"吾欲"之所向,成贤成圣,抑或沦为小人,那权力都握在自己手中,不由旁人决定。

这一原则历来为儒者所坚守,颜元也不例外(参看第三章)。它赋予了人性以极度的尊严,无疑是儒家思想最为伟大和光辉的面向之一。但在另一方面,也正是这种性格使得一般儒者对于人性中固有因而也是无可避免的软弱面向,很难予以正面的了解与共情,更不要说给以抚慰了。自孟子以来,向自身的软弱性低头,就被视为"自暴自弃",遭人轻视。

颜元一生发愤,战战栗栗,衔胆栖冰,完美诠释了儒家的"强者"形象。但他不是没有遭遇过软弱感、无力感和不安感的打击。虽然他通过严格缜密的修养,以及对儒家价值体系的高度认同,将自己从中拯救出来,但他对个中滋味无疑有着深刻的体会。可是,从个体心理发展的角度看,他却似乎始终未肯正视这一经历的独特意义,而只是努力将其转化为构筑儒家那普世性意义大厦的原料——在其中,人性的弱点不配享有任何积极的评价。

问题在于,人的软弱性绝不会因为遭受压抑而消失。在生命将尽之时,颜元曾有一次梦中失声、嚎啕痛哭的经历(参看第一章)。这一次在无法自控情境下的失态,让我们触碰到这个强者心中那几乎已经被人(包括他自己)遗忘了的脆弱。这脆弱需要的是被看到、理解和抚慰,而不是被排斥、轻忽和压制。一般来说,在明清时期的家庭生活中,这种平抚心灵的功能,多由母性的角色来承担。颜元自己也并不是完全没有承受过类似的滋养,但他因为无条件地认同儒家思想的父权维度,在形成自我认知的叙事活动中有意无意淡化了感情维度对自己生命的重要性——他当然有感情,甚至还很浓烈,但他的"情"始终为"礼"所管控(参看第一章、第三章)——也因此而被拖入持续不绝、难以完全摆脱的内心紧张。

这一现象提示我们注意到,近世中国士人的人格成长,通常是在两种空间力量的型塑下展开的。一种是由朝廷、科举、宗族等制度性因素支撑的(以父权制为根基)威权空间。它为儒家价值观的社会下沉和铺展提供了主要途径,也是读书人实现社会认同的主要手段,更是儒家"强者"性格的重要表征,其力量主要是通过以"礼"为核心的等级秩序展示的。另一种力量则是非制度性的,那就是在家庭内部,由母性角色提供的情感哺育。尽管它也是在儒家正统价值规范的辐射范围内,并且主要是补充性和救赎性的,而不是颠覆性的,但它毕竟为人们开辟了一个更为温暖、更具弹性的实践空间,满足了人在成为"强者"之外的另一种情感和心理需求,对威权空间起着均衡和弱化的作用(但同时也吊诡性地支持了后者的运转)。然而,在颜元那里,这两个空间的作用力是极不对等的:情感空间的力量不但明显较弱,其作用方式更是进一步强化了其思想中的威权因素——对于温暖的家庭生活的想象,为他强化人伦等级秩序、建立父权制提供了更加坚实的基础。在这个"强者"的生活中,人的软弱性不值一提——却也始终未曾消失。

最后,我也希望在这些文章中,做一点思想史研究方法的新尝试——当然,所谓"新尝试",完全是对于我个人而言,并不是说在我之前没有实践者。

第一章试图采用心理史学视角,接受了一些精神分析的基本理念。在我看来,思想史和精神分析有着同样的癖好,都是通过对一个人言说的分析,结合其过往经历,试图揭示其隐而不彰但极为关键的意义系统和情感结构,因此,它们之间的合作理所当然。另一方面,思想和心理虽然都是个人内在世界的产物,但它们也都是社会、时代和文化型塑的结果。因此,思想史和精神分析虽然都把个人当作聚焦的对象,却也试图将其放在社会交往的视野中加以理解(不过,精神分析关注的是更为具体的交往关系,对于心理背后的社会文化框架思考不多)。二者不同的地方似乎在于,思想史通常着眼于人的"理性"层面,精神分析则致力于考掘人的"非理性"活动。然而,认知科学研究早已表明,理性和情感的二分法并不可靠,它们毋宁是相互渗透、相互支持(当然也存在冲突)的。[①] 因此,"思想"并非纯理性的作业,而是理性、情感及意志的共同结果。在此意义上,思想史和精神分析的结合又是势在必然。本书正是通过对颜元的精神分析,才得以重构其生活情境,在其思想和生活之间建立起有效关联。

当然,本书也面临着心理史学的共同问题。其一,如何寻找潜意识的证据?它们被刻意压制,"无迹可循",甚至可

[①] 威廉·雷迪(William M. Reddy):《感情研究指南:情感史的框架》,周娜译,上海:华东师范大学出版社,2020年,第14—43页。

能"已经根本不存在",但仍"装扮成症状、失误、说溜嘴、梦的材料,以及心智生活的种种怪异现象"突围而出。① 正像法国历史学家和精神分析学家德·塞尔托(Michel de Certeau,1925—1986)说的:"如果'过去'(在危机的某一决定性时刻发生并形成的事件)受到了压抑,它就会不露痕迹地回返到它不被容身的'现在'。"② 对于这些细节,史家必须细致爬梳。但如果它们本是当事人都难以确认乃至刻意(换一个角度看也是无意)禁制的念头,作为旁观者且是后来人,历史学者如何敢一锤定音,宣布自己比当事人更了解他自己?除了密集性地提供旁证,以及时刻警惕自己错误的可能,还必须老实承认,史家所说皆是自己意中"拟构"(fiction)。③ 然而如同精神分析一样,心理史学并不因其不是"科学"就应蒙受羞耻,因为"科学"也不像其字面上来得那么"科学",同时"非科学"也并不就意味着"反科学"。

其二,精神分析流派众多,有时相互抵牾,到底采用何种家数?我并非专业人士,无意加入精神分析学家的内部战团,在这方面完全取"有用"为标准:只要言之成理,而有助于

---

① 保罗·普吕瑟(Paul W. Pruyser):《宗教的动力心理学》,宋文里译注,台北:联经出版事业股份有限公司,2014年,第294页。
② 米歇尔·德·塞尔托:《历史与心理分析——科学与虚构之间》,邵炜译,北京:中国人民大学出版社,2010年,第25页。
③ 这里对fiction的翻译和理解,我采用了彭刚的解释。见其《叙事的转向:当代西方史学理论的考察》,北京:北京大学出版社,2017年,第32—33页。

对历史现象的理解,我都不怕"拿来"便用。当然,"拿来主义"不是亦步亦趋,它要根据文化、社会乃至个人差异,做出许多修改和调适,甚至可能改得面目全非,故人不识,那也没关系。① 一种理论或方法本身并无任何神圣不可侵犯之处,其是否可以成立,唯一的标准只是我们在用其释读现象时,能否得心应手。当然,我做得是否成功,自己未可意必,只有等待读者验收。

同样要声明的是,采用心理史学的视角去分析一个思想家,并不意味着要将其思想全部还原和化约为心理事件。② 法国精神分析学家、精神分析史学家伊丽莎白·卢迪内斯库在最近接受的一次采访中说:

> 我们做历史研究,不会把理论还原化约为生活,就算几乎可以确定拉康的父姓概念与他祖父有关,处理这个问题的时候也必须非常小心。海德格尔是纳粹,他的理论是不是包含了他纳粹倾向的踪迹? 是的。是不是

---

① 事实上,精神分析处理的是"现代性"现象,用法国学者伊丽莎白·卢迪内斯库(Élisabeth Roudinesco)的话说,"在全世界",它"都是一种城市现象"(《精神分析私人词典》,罗琛岑译,上海:华东师范大学出版社,2021年,第276页)。这使得我们将其原理运用到一个非现代、非城市的时空中的努力变得疑点重重。不过,我认为这同样是可以通过"实用主义"的态度来解决的。
② 同样的,采用精神分析的路径,也不意味着我要否认历史人物的主体性和选择性。颜元能够(至少是部分地)度过他的心理危机,也依赖于他自身的强大意志力和对儒家圣贤人格的心灵投注。

> 他所有理论都是纳粹的？不是。因此，必须将理论与对理论提出者精神结构的解释分开，作为整体的生活是由所有可能的方方面面塑造而成的。①

这是一个适切的提醒。思想家的私生活（包括生理的、社会的与心理的）在其智识成就之中，究竟扮演了什么角色？这既要看他是谁，也要看那是什么样的成果。但无论是哪种情况，一个研究者都必须保持足够清醒的分寸感，需要细致区辨，在哪个层面上，问题的答案为"是"；在哪个层面上，答案为"否"。显然，这种分寸感不仅适合于心理史的视角，也同样适合于本书第二章的主题。

第二章切入的问题是：颜元为什么认为气质是善的？答案并不像表面上看去那么简单。颜元当然会提供一些理由，但他的论证并不足以完全说明其观点的由来。事实上，这个问题最终取决于习斋怎样理解"气质"这个概念，而这就牵涉到我对思想形成方式的一个假设。

一般说来，人的思想大致可以分为两部分，一是表述，一是思索。若用冰山做比，人之所说或所写，就是冰山可见的部分；在那之下，还有更大的部分是我们的对话者不能看到

---

① 《卢迪内斯库谈拉康与精神分析史》，"澎湃新闻"2021 年 3 月 28 日，https://www.thepaper.cn/newsDetail_forward_11919499。

的,就是思索。我使用的思索一词取其广义,包含的形式多种多样:有时是反复考量,深思熟虑,但更多情况下,则是瞬间的、直觉的,尤其是在面对面的交往中,甚至是下意识的,连本人都未曾觉察就一闪而过——在这种情况下,思索更像是一种自发性心理的提示。一部分训练有素者,可能会严格遵照逻辑的要求,分析、综合与推论,但大多数人的直觉性思索对象,通常都是些具体(其形象时而清晰,时而含糊)的意象。这些意象起到了认知语言学所谓"原型"的作用,为论者的发言提供了系统性的叙事框架,同时也是其立论的出发点和所要达至的目标。比如说到"下雨",有人也许想到自己刚刚走过的小路上湿漉漉的青苔,或许还因此滑了一跤;而另外一位则刚从沙漠旅行归来,他们的感受和观点势必不同。这个例子当然是颇为浅显的,但许多看起来更不宜察觉的例子,原理也是一样的。

有一种情形或许有助于说明我这里关心的问题:很多时候,争得不可开交的论辩双方,基本主张并无太大差异,他们可能都会承认,论题中蕴含着两个对等的、可以同时成立的命题,只是他们各自关心的侧重点不同而已。是什么使他们将自己的注意力投向不同方面?这往往与他们发言前或发言过程中头脑中闪过的事例有关。可是,发言人通常不会交代这部分内容(他自己甚至都根本没有意识到),致使对方只能从一种抽象的、中立的、去情境化的立场上（更有可能，但也更加不幸的是，从自己头脑的"原型"意象出发），去评估、理解对方的观点。这种毫厘之差造成的恶性互动，导致双方越来越忽略彼此的共识，而将侧重点的差异上升为根本点的不同。在此情形下，只有澄清大家立论时各自依据的思索"原型"，他们的发言才有着落，不至彼此相错，难以折衷。

不过，表达和思维之间虽然存在着映射关系，但也常常错位。除了技术性的障碍（如词不达意）之外，更重要的是，从思维到表达的路径并不完全可逆：一个说出来的观点，其背后可能有无数种与之对应的意象，而我们很难确定，到底是哪个意象决定了论者的言辞。但逆向的复原也不是全不可能，因为一个意象，特别是主导性的意象，既然决定了发言者的论述方向，便不会只出现一次，而会不断展开。在幸运的情况下，比如当论者试图举例证明的时候，这些意象可能就脱口而出，使我们把握到他为何会选择某种立场。当然，一个人在展开自己观点的过程中，有时可能会做进一步的生发，甚至离开"原型"甚远，不过，他通常都会围绕自己的出发点兜圈子；他也可能会举出很多论证效力各异的例子，但如果留心，仍不难发现，其中有的可以起到统率全部论点的作用。

如同潜意识一样，要想抓住论者头脑中可能连自己都未必察觉的内容,并不容易,对后世史家更是难乎其难。为了解决这个难题,我运用了社会学家查尔斯·蒂利(Charles Tilly,1929—2008)的理论,将颜元在讨论气质之性时所运用的两种论证方式——"专业表述"和"讲故事",视作两条效力相等的平行线,通过比较它们在论述结构中的功能和地位,推断出颜元的身体经验和他的"气质"概念之间的对应关系。在此,"讲故事"就起到了关键性的举例作用,将颜元在讨论气质之性时围绕的"身体"这一主导性"原型"意象提示出来。

这就牵涉到本章所要指出的另一个问题:虽然属于同一思潮,但不同人介入其中的方式并不一样,这决定了他们的观念之间更为微妙的差异。虽然共享了同样的预设、命题和概念,但性格、经历等个人因素的互异,导致他们用来理解这些命题和概念的"意象"资源(特别是"原型"意象)各有不同,以致关注点和论述重心也随之有异,并进而带来整体论述风格的差别。

至于第三章,我的想法比较简单,主要的努力方向是两个。一是,在讨论颜元形象时,要把士人的看法和庶民阶层的看法区分开来,分头处理;虽然有时因为史料表述的限制,很难在其间做出确切分辨。二是,不能仅仅关心士大夫怎样自上而下地塑造细民,也要关注相反的过程:庶人百姓是怎样改造"圣人"的?这就需要把"被教化者"同样视作一种"教化"主体,尽管他们对此未必具有明确的自觉。进一步,从方法论的角度讲,我们不一定要刻意去寻找所谓"无名之辈",有时扫描"大儒"周边,也可以达到类似目的,因为"无名之辈"就存在于"名流"的生活之中。有名与否,只是幸与不幸的差别,并无不可跨越的鸿沟。事实上,如前所说,颜元本人就差点成为众多寂寂无名者中的一员。

但是,讲述"老百姓自己的故事"不是一件易事,首先就面临着材料的困难。为此,除了在既存文献中细心寻找他们不经意间留下的蛛丝马迹(有时直接,有时间接,但总量并不算少),我也把民间传说引入分析范围。尽管从传统的史料观来看,这些传说的缺陷是相当明显的:它们都经过了文人润饰,绝非纯粹的"人民"声音;时间线索不明,很难确定它们何时出现,又经过了怎样的加工。不过,世界上原本没有完美的史料,我们也不可能获得"标准"的传说。在口头史料中,流动和变形也许表现得更为显著,但文字其实也不能真正把过去固定下来,留给我们看。像处理任何一种史料一样,只要熟悉民间故事所在的时代、社会和文化语境,了解其文类特征和讲述格式,我们就能审慎地从中发掘有用信息。就此而言,它和文献史料并无根本不同;如果对它的使用能够丰富史学的认知线索,史家何故弃之而不为?

然而,勇于开拓史料范围虽然值得褒奖,却并非史学研究所要遵循的唯一准则,甚至不能算是最重要的准则。"大胆"起用"新"史料之外,史家还需小心翼翼地应对,避开其中的陷阱。直面口头材料的流动性,绝不意味着史家就可以顺水推舟,听任其各种成分混作一团;相反,他的首要任务仍是尽量厘清史料之间的时空秩序,将外来(官方的和士人的)和后出的观念、修辞,从"民间故事"中剥离出去。尽管不可能拿出一个"标准"的传说样本,但我们仍可透过人类学、民俗学等学科的研究成果,了解坐落在特定时空中的"民间"思考和看待问题的大致倾向,进而做出自己的判断和取舍。

在20世纪的主流叙述中,颜元往往被看作一个带有"反封建""反礼教"色彩的人物,而这又对当地搜集、整理颜元传说的工作产生了重要影响,以至于任何一个稍具学术敏感力的读者,读到这些被印刷出来的"民间故事"时,都不难意识到,它们经过当代整理者们的大幅加工,有些甚至不无"创作"的嫌疑。到底其中哪些成分是民间的认知,哪些又是主流知识分子的创造?要做出让人信服的区分,颇为棘手,这让我一度产生放弃的念头。但我后来读到蠡县搜集的李塨传说,发现它们所展现的思维面向和许多颜元"传说"中卖力呈现的那些内容大相径庭,而和我们通常了解的民间认知更为接近。这些面向在颜元故事中亦不难发现,只是被大量"正确"表述淹没了而已。事实上,正是以李塨传说作为参照系,我才得以接近地方社会认知中的颜元形象。

最后需要说明的是,本书三章曾分别发表在《华东师范大学学报》(哲学社会科学版)2018年第5期、《清史研究》2021年第1期和《清华社会科学》第2卷第2辑。此次结集,将各章重合之处略做删改。为弥补文中没有交代或展开不足的背景材料,正文后增入两篇附录《颜元年谱简编》和《颜元交游人物表》,以便增进读者对颜元其人其学的了解。读者若有进一步了解的兴趣,可参考李塨的《颜习斋先生年谱》、陈山榜的《颜元师友考略》以及徐世昌组织编纂的《颜李师承记》。

第一章
血脉与学脉:从人伦困境看颜元的学术思想

在颜元心中,每一个家庭都是绳绳相续、绵绵无绝的人伦统序里的一个节点。这样,个人就成为天地不息生机的一部分,而获得终极意义。凡逸出此人伦者,皆是离散在外的游子,需要有人将其领回故乡。对儒教来说,也是一样。自孟子以后,众人就走入迷途,逐歧日远,而颜元自己正是那个将道统寻回,率领大家在思想上归宗的人。

颜元在为养祖母治丧过程中,恪守礼法,"过哀病殆",后来得知自己身世的真相,最终认祖归宗,在其整个生命史中是最为重要的一个事件,而这个过程也同时伴随着他学术思想上的一个大转向:在居丧期间,他处处恪守《朱子家礼》(以下或称"家礼"),却不时嫌其拘束,校以古礼,方悟宋儒所言本非孔、孟正论,从此踏上自立门户的道路——当然,在他自己看来,这是向"尧、舜、周、孔旧道"的回归。① 从隐喻意义上讲,在这个故事中,颜元同时实现了血脉和学脉两个层次

---

① 李塨:《颜谱》,第725页;颜元:《未坠集序》,第397页。按,清儒王懋竑(1668—1741)曾提出,《家礼》并非朱子所作。但对于颜元来说,《家礼》就代表了朱子思想的精髓,故《家礼》的作者问题,不在本书讨论的范围内。事实上,今天学界的研究成果,仍倾向于肯定朱熹是《家礼》的作者。参考吾妻重二:《朱熹〈家礼〉实证研究》,吴震、郭海良等译,上海:华东师范大学出版社,2012年,第14—15、75、131—132页。

的"认祖归宗"。①

那么,这两条平行线索只是偶然契合,抑或具有更内在的联系?颜元每述学变,必从守丧谈起,则对他而言,此一经验触发深远,绝非一时冲动。事实上,作为习斋合理化自己学术转折的一种论证方式(参看第二章),"讲故事"的行为使得他必须要赋予某些生命情节(例如守丧)以更为关键性的地位,并借此塑造自己的形象(参看第三章)。然则此事之意义究属何在?此一问题,以往似乎只有杨瑞松曾试加解释。他认为,对一向热衷圣人之道的颜元来说,此次治丧也是一次"行道、体道"的践履,但朱子家礼给他造成的痛苦过于强烈,尽管他努力克制,"可是等到他病重而突然知道自己的真正身世时,整个过程瞬时间变成'以假的礼仪去祭拜假的祖母'的局面",仪典的"神圣性"轰然倒塌,对"颜元的认同感的完整性,产生极大的摧毁力量"。② 尽管其论述过于简略,但他将颜元的生命和思想关联一处,是值得肯定的寻绎方向。实际上,作为一个极重实践的思想家,颜元的观念与其生命经验融会无间,一旦将二者剥离,其思想的冲击力也就丧失

---

① 田浩(Hoyt Tillman)指出,朱熹在圣人和祖先之间建立起一种结构上的同一性,从而构建了他的"道统"观念(《朱熹的思维世界》,南京:江苏人民出版社,2011年,第261—275页)。这和本文的讨论颇有可以互相映照之处,尤其是考虑到颜元对朱熹的批判之声。
② 杨瑞松:《追寻终极的真实——颜元的生平与思想》,第27页。

殚尽,而居丧事件正是颜元一生最重要的转捩点。

与杨瑞松一样,我也采取了精神分析的进路,不过不是将目光聚焦于此次丧礼本身。在我看来,丧礼只是一个契机,揭示出长期困扰颜元的心理纠结,并因其身世暴露这一偶然事变,带给他一个突破的动力。简单地说,颜元早以圣贤自期,行事做派颇违世俗之道(参看第三章),而深受朱翁打压。在儒家孝道要求下,颜元不得不自我裁抑,因此长期处于心理紧张之中,而家庭生活的诸多不快又加剧了此一状态。在学术方面,他虽自诩朱子信徒,内心深处却对之不无疑虑。而身世的暴露给了他一个绝佳机遇,使其得以毫无歉疚地放下孝道重负,并因心理的突然解缚,而焕发出思想创造力,实现了一次学术突破。不过,身世之变仅是颜元面临的人伦困境的一部分。我还要指出,人伦困境如何牵绊其一生,使其分外关注某些议题,进而参与了他整个学术方向的型塑。

本章得益于心理史学开创者埃里克·埃里克森(Erik H. Erikson, 1902—1994)提出的两个概念。一是"认同危机"(identity crisis):当一个"年轻人"不得不利用其"童年生活的有效残余和对未来的期许",为自己的生命"铸造出一个中心性的面相和取向"及"一个充满活力的统一性"的时候,"认同危机"便发生了。它常给当事人的神经、心理和行为造成多方伤害,甚至将其压垮。但对那些积极调动内在潜力而最终度过危机的人来说,这仿佛"第二次出生"(second birth),予人以完全崭新的生命。① 颜元的表现与埃里克森所述颇为吻合,使我们有理由将之归入同一范畴。另一概念是心理"创伤":这是"人受到特别突然,或者特别强烈,或者特别奇怪的影响",却无法"化解"而造成的阻障。它"就像一个无法排出也无法吸收的异物,从一个生命阶段保留到另一个生命阶段",引发不断的"重复与刻板"。② 在本文中,"认同危机"主要发生在颜元居丧阶段,心理"创伤"则纠缠其一生。当然,颜元既非埃里克森笔下的马丁·路德(Martin Luther,1483—1546),也非他笔下的圣雄甘地(Mahatma Gandhi,1869—1948),而是栖居于一个与他们截然异趣的文化与社会语境中,我自不能套用完全相同的侦测路径。

一次成功的精神分析建立在分析者与被分析者对面交流的基础上,通过看似不经意的言说,"卸除"心灵重负,将潜意识缓慢揭开。③ 但史学研究不得不依赖那些早已脱离原

---

① Erik H. Erikson, *Young Man Luther: A Study in Psychoanalysis and History*, New York: W. W. Norton & Company, 1993, pp. 14 - 15. 余英时先生的《朱熹的历史世界:宋代士大夫政治文化的研究》(北京:生活·读书·新知三联书店,2004 年)第 12 章对宋孝宗心理的分析,也受到这一概念的启发。
② 埃里克·埃里克森:《甘地的真理——好战的非暴力起源》,吕文江、田嵩燕译,北京:中央编译出版社,2010 年,第 70 页。
③ 沈志中:《喑哑与倾听:精神分析早期历史研究》,台北:行人文化实验室,2009 年,第 157 页。

初情境的史料。它们出现在我们面前之时,已经过一道道修改、加工、汇集、编纂,算不上精神分析的好材料。① 具体到颜元,可用资料更是有限。我们今日看到的《颜元集》除收有颜元本人著作外,主要就是其弟子们的一些记述,即钟錂(生卒年不详)的《颜习斋先生辟异录》、《颜习斋先生言行录》(据钟錂自己的日记所编)和李塨的《颜习斋先生年谱》,其中又以年谱最成系统。据李塨自述,年谱于颜元三十岁之前,主要采自颜氏五十四岁所作"自谱"(今已佚)和李氏本人见闻,之后则据颜元日记。② 故综合来看,我们对颜元的了解,只能通过三种资料,一是颜元著述,二是颜元本人的回忆,三是周边人的记录和回忆。通常来说,第一种材料似乎更接近事件发生的原初时空,当然是直接证据;而回忆,无论是本人的,还是旁人的,都已是事后追述,不乏诠释成分,只能视为间接证据。

不过,直接证据和间接证据都未必实如其名。我同意杨瑞松的看法:尽管我们不知颜元对往昔的回忆是否准确,但它显示出颜元"如何去诠释他的年轻生涯",以及"是哪些事

---

① 余英时对宋孝宗的心理分析,就受到这类指责。参看蔡涵墨(Charles Hartman):《朱熹和他的世界:评〈朱熹的历史世界〉》,收在《历史的严妆:解读道学阴影下的南宋史学》,北京:中华书局,2016年,第466—468页。
② 李塨:《颜谱》,第699页。李塨特别声言,此谱为颜元"功过并录,一字不为锾饰"。虽有同门王源(1648—1710)劝说他更以婉辞,而仍"终无隐曲"(第700页)。

项成为他的永恒记忆,而用来建构他的自我的生命历史"。在这方面,其价值或许还在直接证据之上。同样,颜门弟子对老师言行的记录和回忆,固然不可避免地带有个人取舍和解说,但和颜元本人文字对勘,或可将其心结中的一些蛛丝马迹照得分外明亮,揭示出"人类心中那些本质性的力量",至少是心理史学的合用史料。①

采行精神分析路线的一个风险是在史料空缺处的大胆跳跃。坦白地说,我不能为每一个判断都提供直接证言,不过,在这些地方,我尽可能地采用间接证据来弥补。本文的推测至少希望能够最大限度地涵盖史料的可能,并将之构成一个具有内在连贯性的故事。此外,正如已经有论者揭示的,埃里克森的心理学导向过于注重"生存的内在维度",而忽略了更具社会性的因素,使得他对路德和甘地的研究太过"片面"。② 使用他的解释框架,不免容易落入同样的危险。我需要声明的是,我并不轻视社会维度(包括组织性的和心

---

① 杨瑞松:《追寻终极的真实——颜元的生平与思想》,第 13 页;彼得·盖伊(Peter Gay):《布尔乔亚的描摹者》,韩承桦译,收在陈建守(主编):《时代的先行者:改变历史观念的十种视野》,台北:独立作家,2014 年,第 273—274 页。
② 保罗·罗艾森(Paul Roazen):《弗洛伊德及其追随者》,收在特伦斯·鲍尔(Terence Ball)、理查德·贝拉米(Richard Bellamy)(主编):《剑桥二十世纪政治思想史》,任军锋、徐卫翔译,北京:商务印书馆,2016 年,第 346 页。对整个精神分析的类似批判,参看伊丽莎白·卢迪内斯库:《拉康传》,王晨阳译,北京:北京联合出版公司,2020 年,第 68 页。

理性的因素)对颜元思想的影响,但那不是本章的主题。尽管如此,我还是要强调,在颜元的心理压力背后,我们仍然可以看到鲜明的文化动机:给他带来严重的心灵煎熬的孝道,虽然是颜元个人的选择,但显然不是一种毫无来由的"自由意志"的产物,而是一种社会性的伦理要求。最后要说明的是,我的兴趣是考虑身世之变与颜元学术转变的关联,但无意把心理因素视为后者的唯一动因。

一、身世之变与学术破茧

居丧事件承前启后,将颜元的生活和学术划为两个时期。不过,要了解它对颜元造成的深层心理冲击,就必须了解他三十四岁前的生命史。从本书所附录的《颜元年谱简编》中,我们不难发现颜元早年生活的两个重要内容:一是其个人学术志趣,二是其家庭关系。

就前者而言,颜元自称"少年狂妄,辄欲希古圣贤之所为",很早就养成一种圣贤人格(参看第三章)。这使他成为思想史上的一位"人物",也为他将前贤一壁推倒、自树门帜奠立了心理根基。在他"狂妄"的背后,我们不难觉察到一种自我做主的深刻意识。他曾宣称:"六经皆我注脚"乃陆象山

"最精语,亦最真语"。因"我者,天生本体也,即'万物皆备于我'之'我',六经是圣人就我所皆备者画出,非注我者何?"①而在希圣希贤途中,他也势如先圣先贤一般,遭遇重重挑战。在二十七岁写给刁包的一封信中,习斋将此压力披露无遗:"某生于世二十有七矣,质赋狂躁,气概浮薄;然有鄙志,深以不能成人为耻。意谓奋然以往,道斯有在也,'虽无文王犹兴',孟子岂欺我哉!乃气物之拘蔽既深,习俗之网縻复固,一鼓不振,再鼓辄衰。"②然而,他显然是不会退缩的。

其实,颜元的真正压力并不来自理想,而来自现实。自二十一岁立志专力经史,他就暗下决心,放弃科考。在他看来,这两条路线,一条走向圣贤,一条通往俗世,是彼此不能相容的。在践行程朱理学过程中,他因言行风貌与周边社会格格不入,备受讥嘲。其居丧期间写的一份笔记透露:"后世

---

① 颜元:《送安平杨静甫作幕序》《阅张氏王学质疑评》,分别在第 406、493 页。陆、王之学对习斋的影响是终身性的,即使在服膺程、朱的时代也没有消除(这和他自己的认知大相径庭),这从他写于此一时期的一些诗句中可以明显看出,如:"六经注脚陆非夸,只须一点是吾家。"《四库总目》就认为,颜学之学"源出姚江(即王阳明,1472—1529。引者注),而加以刻苦",被人广泛引用。钱穆甚至主张,颜元"所以排斥周、程、张、朱者",颇因其"最先所深喜之陆、王",在心中"潜滋暗长"所致。他注意到,颜元居丧悟及宋学之误,"正于阳明格庭前竹子故事一例"。此外,颜元早年学仙,"娶妻不近",亦与阳明娶妻当日与道士对坐忘归一事若合符节。以上,李塨:《颜谱》,第 717 页;永瑢等:《四库全书总目》,北京:中华书局,1965 年,第 822 页;赵慎畛:《榆巢杂识》,北京:中华书局,2001 年,第 22 页;徐珂:《清稗类钞》,北京:中华书局,2010 年,第 3787 页;钱穆:《中国近三百年学术史》,第 204、206 页。
② 颜元:《寄祁阳刁文孝》,第 430 页。

俗坏制湮,有一尽礼者,浮薄之人群起而怪之,笑之,詈之,伺其隙而诋挠之,务欲其败志半废而后已,则虽名为长者,其言亦何可听哉!"①不用说,他就是那位备受周围人打击的"尽礼"之人(参看第三章)。

俗世的嗤骂虽令人不快,颜元却可置之不理,这情形甚至可能进一步强化其"虚拟的成圣感"。② 但对于自己的"祖父",问题就不这样简单了。在一个以孝道为本的社会里,常人犹不敢轻违父母之命,何况颜元早以成圣为志?他很清楚,祖父是按照世俗标准要求自己的。因而,在决心"弃举业"后,他仍继续"入文社,应岁试",以"取悦老亲"。然而,"弃举业"的消息还是传到朱九祚耳中,致其大怒。年谱对朱翁的表现做了非常生动的描述:"怒不食,三请不语",在颜元请罪后,又"呵曰:'汝弃身家耶!'"直到颜元表示"即赴科考"方才罢休。③ 显然,朱氏很清楚,自己只需稍露威色,即可使颜元降服,事实也果然如此。尽孝本是圣贤的内在要求,但为此不得不屈从俗道,尤其是来自家庭的强迫,对颜元来说,岂能置之一笑,云淡风轻?

从现存资料看,颜元与朱翁因科考而产生的直接冲突,

---

① 颜元:《居忧愚见》,第570页。
② "虚拟的成圣感"一语承韦兵兄提示,甚是传神。
③ 李塨:《颜谱》,第712—713页。

就只有这条。但不等于说,这是一个不重要的问题。相反,它攸关颜元的终极价值取向,是其生命的"中心面相"。这事很快过去,但这风平浪静是由颜元的高度自制力维持的。实际上,就在朱翁向其发难的前一年(时颜元二十五岁),颜元还到易州参加岁试,时恰值其妻生下一子,颜元为其命名"赴考"。这似乎只是一个纪念性质的名字,但颜元二十四岁所写的《存治编》(初名《王道论》)有一段批判科举的话:"上辄曰选士,曰较士,曰恩额,曰赐第;士则曰赴考,曰赴科,曰赴选。县而府,府而京,学而乡,乡而会;其间问先、察貌、索结、登年、巡视、搜检、解衣、跣足,而名而应,挫辱不可弹言。"①"赴考"二字,赫然在目。显然,在以"道义自好"的颜元看来,"赴考"只是对士人的羞辱,绝非美名。是故,他以此为子命名,殊非常理,深值玩味。一个可能的解释是:尽管生子是桩喜事,赴考则是勉强,但在践行孝道这点上,它们是统一的。故"赴考"一名象征性地传达了孝道对颜元的双重意味:既是对自我生命价值的积极肯定,也是精神上的沉重负担。②

除了价值观冲突外,颜元和朱翁在日常生活中的关系也

---

① 颜元:《存治编》,第115页。
② 颜元三十三岁时,从朱家抱养一子,取名"讱言";而他在前一年的五月份已决定,"益日功,以讱言为要"(李塨:《颜谱》,第725、723—724页)。这表明,颜元为孩子取名,和其本人心理状态有关,并再次证明,赴考一名透露出,因要行孝而被迫违逆己意的行为在颜元心中激发了何等强烈的不适感。

日趋紧张。朱氏抱养颜昺,是因朱媪无法生育。据年谱,颜元生下数月,"母疮,损一乳,乳缺,朱媪抱乞奶邻姆,不得,则与朱翁嚼枣肉、胡麻薄饼,交哺之";九岁上学后,朱翁亦"时以钱给先生,令买饼饵",可知朱氏对幼年的颜元还是不错的。但朱翁与侧室杨氏生下朱晃(时颜元十一岁)后,情形立变。年谱云:朱翁父子"与先生日有间言";钟錂为颜元所写传记,也说朱翁生晙后,"稍疏先生",而"晙后更逸害"。貌似一语带过,但从颜元被令与朱媪"别居东舍"看,双方矛盾显然已无法调和。朱媪去世后,朱翁父子与颜元的冲突更加激化:颜元三十四岁,"晙唆朱翁逐先生,先生乃请买居随东村";三十六岁,"晙唆翁百计陵虐先生。一日,谋杀之,先生逾垣逃,忧甚";三十八岁,"是时先生尽以朱氏之产与晙,且代偿其债百余缗,而晙又欲夺其自置产,屡兴变难也";三十九岁,朱翁死,"朱晙复谋吞先生随东产,起衅,先生不校"。①

后边这几件事已在颜元明了身世之后,故尽管冲突升级,甚至面临性命之忧,但对其心理冲击已没有那么大。问题发生在他三十四岁前。彼时颜元尚不知自己本系外姓,对自己的遭遇,大感委屈;对朱翁溺爱少子,亦愤愤不平。前一

---

① 李塨:《颜谱》,第707、709、726、733、738、740、618、701 页;钟錂:《习斋先生叙略》,第 618 页;王源:《颜习斋先生传》,第 701 页。另,据张立伟先生告知,随东村是颜元外家。

种情绪,他晚年还向人提起:"余昔承命异居,不知其情,三月不能饱,每食必下泪。骨肉分离,大为不祥。譬如人病血气不和,生疮疥或筋肉溃败,固是难堪;然终是皮里连属全人,胜似肢解分裂。故谚云:'好儿不吃分时饭。'"怨艾之情则不合儒家伦理,颜元从未曾有明白表述。不过,其笔下的字里行间,亦不无蛛丝马迹。如《存治编》就以"为父母者,使一子富而诸子贫"作为对比,以肯定井田制的意义,或许就有对朱翁偏袒朱晃的不满。这两种情形看来邈不相干,一是公意,一是私情,但被压抑的情感和认知恰恰常在表面上最无关联的地方被激活。在三十岁左右所写《礼文手抄》的一段按语中,颜元又大谈宗子之义:"观古人,曾祖之小宗即不敢祀高祖,至于次子即不得祀其父,名分何其严!"时朱晃已十九岁,元、晃矛盾当较前更烈,而颜元自以为朱家嫡长孙,此段议论明言"次子",绝非虚发。①

颜元曾对王法乾说,时人好言"仁人之心无怒无怨",实是"不知仁人"。盖"仁人遇弟骂一句,较平人骂之更怒,但转眼便忘,不懑于怀也;当弟打一拳,较平人打之更怨,但转眼便释,不留于中也"。又云:"有人于此,越人射之,则己谈笑

---

① 钟錂(辑):《言行录》,第 636—637 页;颜元:《存治编》,第 103 页;Daniel M. Wegner and Laura Smart, "Deep Cognitive Activation: A New Approach to the Unconscious," *Journal of Consulting and Clinical Psychology*, No. 65, 1997, p. 991;颜元:《礼文手抄》,第 321 页。

而求宽免,道其自卑尊伊之情,望其一念大义而恕己也,无所责望也。其兄射之,则已垂涕泣而求宽免,道其一体骨肉之情,咎其忍心不仁而杀己也,不能无悲愤也。"对来自"一体骨肉"的虐待,悲愤异常,必有刻骨经验为底样。颜元曾征引孟子称赞舜对待他那个机诈百出、时刻想要谋害自己的弟弟象"不藏怒,不宿怨,亲爱之而已矣"(《孟子·万章》)的话,而谓舜乃"千古之圣"、孟子乃"千古之善言圣者",①实际就是在表露自己的"怒"与"怨",惟他自信这无碍于自己对家人的"亲爱"之情。②

事实上,一向以成为圣人自期的颜元对怨怼之中所蕴含的破坏力量具有异常的警觉。他三十一岁赠王法乾语云:人"有一分怨君、父心,即不能保不为乱臣贼子",③即是一例。但此言也恰好提示我们,颜元心中很可能对祖父抱有怨

---

① 颜元:《四书正误》,第235、240页;钟錂(辑):《言行录》,第625页。
② 颜元死后,其再传弟子冯辰(生卒年不详)问其师李塨:"不藏怒宿怨,非无怨怒,不藏宿耳"。李塨答道:"然。遭家庭之变,而寻怨怒者,庸人也。不藏怒宿怨者,圣贤也。并无怨怒者,恕也,异端也。"(冯辰等:《李恕谷先生年谱》[以下简称《李谱》],收在李塨:《李塨集》,第1804页)应该就是继承了颜元的理解。有关舜如何对待人伦之变,特别是如何处置象的问题,明清儒者争议甚夥(吕妙芬:《成圣与家庭人伦:宗教对话脉络下的明清之际儒学》,第105—150页),而颜、李强调舜对于象实有怨、怒,且此一情态合情合理,在时论中是极为罕见的,尽管事实上,明清士大夫在孝道压力下,父子关系紧张的案例并不罕见。例见赵园:《家人父子——由人伦探访明之际士大夫的生活世界》,北京:北京大学出版社,2015年,第141—149页。
③ 李塨:《颜谱》,第722页。

望——尽管若我们起颜元于地下,他绝不会同意这个判断(前边讲"怨""怼""悲愤",皆对兄弟而言),因为这情绪在他亦是不自觉的,很可能这种危险念头还未升起,就被其圣贤人格抑制下去。不过,就在他对王法乾的话中,那潜在的怨意还是忍不住在"超我"中以更加堂皇的方式泄露出来。

即使认祖归宗后,"不怨"这个主题也不断在其言谈中出现。如《年谱》四十一岁:"曰:瞽瞍愚父也,而舜齐肃祗载;定、哀庸君也,而孔子鞠躬踧踖。故孝莫大于严父,忠莫大于严君。"四十五岁:"贾子一问家变。先生曰:'舜之化家也,其机在不见一家之恶。为子计,须目盲、耳聋、心昧,全不见人过失,止尽吾孝友,方可化家而自全。'"《言行录》亦有:"或诉家变。先生曰:'圣人称舜为大孝,他圣其不孝乎!贤人称曾、闵为孝,诸贤其不孝乎!惟其际变而不失常,故称耳,处常者无称焉。此固人子之不幸,亦人子之大幸也。'引劝以负罪引慝。"①反复称引大舜,以为样板。② 然而,颜元对朱翁、朱晃,的确遵循了"目盲、耳聋"的原则,但并未"心昧":"一家之恶"四字就对朱翁父子的作为下了结论。这样,他反复陈

---

① 李塨:《颜谱》,第 744、749 页;钟錂(辑):《言行录》,第 666 页。
② 舜父溺爱后妻与舜弟象,像极颜元的遭遇;朱晃欲谋杀颜元,颇具戏剧性,更可谓大舜故事的简本。无论此事来自颜元自述还是李塨从旁采得,讲述人心中大概都有一个舜的形象——对颜元来说,那是一根标杆;对李塨来说,那就是颜元实际所达到的高度:一个圣人。

说的"不怨",正是"怨"的流露;①即使早已脱离朱家,当年的不幸所造成的创痛,仍无法抚平。②

处于颜元的境遇,有怨有怒乃是人之常情,但他以为"兄宽、弟忍"只是"为俗人言之",他要做圣人(参看第三章),当然要努力向上。于怨怒中恒存亲爱,已是难能,却还不够。宋元以来,儒教提倡一种在人伦困境中行孝,乃至今人看来不无"受虐"倾向的观念,即所谓"天下无不是之父母"。颜元对此有着高度认同。③《年谱》四十七岁:"舜何罪?须知父母不悦,即我之罪;舜何慝?须知感动父母不能,即我之慝。

---

① 法国精神分析学家米歇尔·吉布尔(Michel Guibal)说:"否认的时候既是压抑也是压抑的解除。""一个人无法认清自己言说中的感情,但'否认'反而达到了'认识'的目的,"实现了情感到理智的转化"。见其《拉康、精神分析与中国文化》,霍大同译,收在霍大同(主编):《精神分析研究》第1辑,北京:商务印书馆,2015年,第15页。

② 颜元几乎终身与朱子为敌。他对其他人尚有回护,对朱熹则一丝不肯放过,语多忿辞,甚至是厌恶,恐怕不能完全从学术观点的角度理解。如,朱熹解《论语·述而》"自行束脩以上,吾未尝无诲焉",谓束脩为十条肉干,乃"至薄"之物。颜元道:"最可笑。朱子不曾见猪乎?十脡,半猪矣,何'至薄'之有?"又云:"晦庵开口不是谈禅,便是读书,每阅一段,令人欲呕。"(《存学编》《朱子语类评》《四书正误》,第94、95、277、193、254页)刻薄之语,正见憎毒之深。我们当然不能由此断言,对朱子之怨即是对朱翁之怨的延伸,但二者应非不能相交的平行线。

③ 钟錂(辑):《言行录》,第625、683页;颜元:《与贾子一书》,第463页。需要注意的是,在宋元以来的儒家伦理中,"不怨"不仅适合于家庭之内子女对父母的态度,也适合于国家层面臣对君的态度。李之藻(1565—1630)就注意到,一度被陷害下狱的杨继盛在向人讲述自己"九死一生"的经历时,"绝无感愤怨怼之意",不由叹服其"非特直臣,真纯臣也"。见其《跋杨忠愍公手书》,收在《李之藻集》,北京:中华书局,2018年,第105页。

'愿'字更苦,更精。盖罪犹有事实可指,愿则并无其事,但见父母不允不若,必我心中暗有不可感动者在也。"①一个"愿"字,将全幅忧愤化作成就圣贤的重任,然而毕竟遮不去那个"苦"字:朱翁逝世一月后,颜元有一日"买食豆腐,怆然流涕。盖先生养恩祖、祖母十一年,未尝特食一腐,今伤腐之入口也"。② 委屈和自伤之泪,在完成使命后,终于夺眶而出。

颜元对朱翁父子的不满,还有一个出口,就是对父亲的怀念。从记录看,颜元的父亲颜昶"形貌丰厚,性朴诚,膂力过人,爱与人较跌,善植树";朱翁则"有才智,少为吏,得上官意",且性情严厉。一个憨厚老实,一个精明干练,性格全然相左,颜昶想必很难获得朱翁欢心。颜元说,其父"因不得所后欢,愤愤有遁行志",显然不是虚构。③ 惟二人究竟有何恩怨,前人不说,我们不得而知。颜父出走时,颜元只有四岁,对父亲大概没什么具体印象。他对父亲的点滴回忆,应都来

---

① 李塨:《颜谱》,第753页。同时南方学者潘平格录丹徒钱允谦(生卒年不详)语:"天下无不爱子之父母。其有不爱,是我子道之未尽。但求所以自尽其子道,而不尤父母之不爱我。"潘氏在此基础上继续发挥,谓只需遵循"己所不欲,勿施于人;行有不得,反求诸己"的原则,"处处详甚,时时思到,心愈纯,行愈密,人我之隔碍愈融。父母之不爱我者,至此而爱我"云云。(潘平格:《潘子求仁录辑要》,第144页。)将这两段话比较一下就可知道,虽然语义相同,但颜元的体会要复杂得多,也深切得多。尤其是对"愿"字的发明,他人全不能道。

② 李塨:《颜谱》,第739页。

③ 李塨:《颜谱》,第707、727页;颜元:《巡捕朱公行实》《父颜长翁事迹》《祭无服殇子文》,分别在第583—584、584—585、552页。

自母亲叙述。颜元为父亲所写传记,有一半都在讲颜昶出走的经过(详见下文),另一半写颜昶在辽东的故事,仍是听人讲说而得,故论到事实的丰富和生动,远不若他为朱翁写的传记。

颜昶因和朱翁不睦,而将妻儿抛开,一走了之,杳无音信,实在不能算个负责任的男人。① 然而这不妨碍他成为颜元思慕的对象。颜元十九岁时,朱翁遇讼(具体原因不详)遁逃,元被逮入狱,"作文倍佳",其师贾珍有"是子患难不能乱,岂凡人乎"的品评;及至"讼解",颜元的真情再难制抑,立刻表现出来:"因思父,悲不自胜!"这是其年谱中首次出现思父的内容。其表述提示我们,他在狱中虽表现得异常平静,内

---

① 颜昶是主动追随清兵而去,这一点在颜元为其父所作传记中有清楚而翔实的交代。在前引"愤愤有遁行志"一句后云:"闻满洲兵好挟人,恨曰:'乘氃乎,盍速来!'殆戊寅子月,东信迫,乃连夜与元母赌绩,以素课上所后,积其余市江青布为新腰囊,梅花网巾。预为筬笠,缝履于袜。"(颜元:《父颜长翁事迹》,第585页)其心情迫切,跃然纸上。李塨、钟錂都遵循了元说(李塨:《颜谱》,第708页;钟錂:《习斋先生叙略》,第618页)。王源却说颜昶是"被掠去辽东"的(王源:《颜习斋先生传》,第701页),一主动,一被动,区别显然。王说又为乾隆《博野县志》(吴鏊、朱基[修],尹启铨[纂]:《乾隆博野县志》,乾隆三十一年刻本,卷五第8页A)、戴望(《颜氏学记》,第1381页)、梁启超(《颜李学派与现代教育思潮》,第2884页)、徐世昌(《大清畿辅先哲传·师儒传·颜元》,收在《颜李学派研究文选》,第3343页)等采用。至《四库总目提要》、《清史稿》本传、《清史列传》本传则讳言昶"戍辽东,殁于关外"(均收在《颜李学派研究文选》,第3295、3299、3302页),为陈登原等人承袭(《颜习斋哲学思想述》,第1623页),愈不类矣(以上文献,自《颜氏学记》以下,均收入陈山榜、邓子平[主编]:《颜李学派文库》)。这些描述显然失实,但通过把颜昶出走说成被迫而为,就可以将其从不负责任的负面形象中解救出来(详见下文)。

心其实充满了委屈,"思父"正是这情绪的自然结果。父亲于他已成温情的象征,恰和养祖父的无情形成对比。此后,相关记录不断出现:二十二岁,"元日望东北四拜父,大哭恸,作《望东赋》";三十一岁,某日"有所感,思父悲怆!"三十二岁,"入京秋试,拜寻辽东人,求传寻父报帖"。①

颜元思父,必不止此数次,这几条被特别录出,一定有更特殊的缘由,惟今已无法追考。不过可以肯定:对父亲的思念,和他同养祖父关系出现裂痕分不开。② 在朱翁那里的受挫,使其和同样与朱翁不睦的颜昺在心理上发生了叠合。这叠合产生了两方面效应:一方面强化了他的责任感,使他感到自己有必要承担父亲未尽的孝道。在为养祖母治丧期间,颜元"恸父出亡,不能归与敛葬",决定代父"承重",③就出于此一心理。另一方面,却也给了他一个发泄的机会。在颜元信奉的价值体系中,怨怼祖父乃大逆不道,思念父亲却值得大书特书。可以想见,在他"思父"的哭声中,充满了委屈、悲愤和自怜。换言之,对父亲的孝思,正以一种迂回的方式宣泄出,同时也缓解并掩盖着他对祖父的不满。

---

① 李塨:《颜谱》,第 710—711、712、723、724 页;又,钟錂:《习斋先生叙略》,第 618 页。
② 颜元曾说自己"幼少梦梦",并"不晓寻父之为急";及"弱冠"之后,才"号天踊地,誓死寻亲"(《辞魏帝臣见招》,第 467 页)。在时间节点上也恰好和朱翁生子这一事件相匹配。
③ 李塨:《颜谱》,第 725 页。

由此,三十四岁之前的颜元是异常压抑的,他为自己设计的道路被朱翁粗暴打断,又在日常生活中遭遇苛待,而他所信从的道德准则要求他不能有丝毫不满,更使其多了一重禁抑。① 试想,在此愁云惨雾之中,突然得知自己本非朱姓,岂非拨云见日,立地解脱?对颜元来说,这意味着再无人可以阻止自己,他可以真正做到"天下非之而不摇"了。此后他仍尽力服侍朱翁,但此举在心理上的意义变了:是为了报答养育之恩,而非与生俱来的使命。②

颜元后来不断回忆这段经历。如康熙八年(1669)十一月三十五岁时所作《存学编》:

> 至戊申(康熙七年。引者注),遭先恩祖妣大故,哀毁庐中,废业几年,忽知予不宜承重,哀稍杀。既不读书,又不接人,坐卧地炕,猛一冷眼,觉程、朱气质之说大不及孟子性善之旨,因徐按其学,原非孔子之旧。是以不避朱季友之罪而有《存性》、《存学》之说,为后二千年先儒救参杂之小失,为前二千年圣贤揭晦没之本源。

---

① 颜元大病,不止为朱媪居丧这一次。事实上,他年轻时的生活极不开心,曾自以为活不过三十岁。李塨:《颜谱》,第787页。
② 李塨:《颜谱》,第727、732、736页。

他宣称,若非此段曲折,他"将日征月迈,望程、朱而患其不及,又焉暇问其艰否哉",①颇有庆幸意味。虽是针对学业立言,终不能与朱媪之死解脱干系。此处"哀稍杀"数字,下笔克制(当然,"稍"字也准确描写出颜元的实际心情。毕竟朱媪于其有恩,颜元对养祖母是有深情的);不过,连用"忽""猛"几个表急速的字眼,则将其突破心理障碍之后的顿悟感和盘托出,而随后一个"徐"字,又使人想见其立论之慎——然而,没有"猛—冷眼",又何来"徐按其学"?②

颜元将身世之变和学思之变连贯一气,提示在他心中,"忽知予不宜承重"带来的解放,不仅是人伦意义上的,而且是学术意义上的。他在晚年也提到此事,不及此处生动,但云:

> 至康熙戊申,遭先恩妣大过,式遵文公家礼,尺寸不敢违,觉有拂戾性情者,第谓圣人定礼如此,不敢疑其非周公之旧也。岁梢,忽知予非朱姓,哀杀,不能伏庐中。

---

① 颜元:《存学编》,第74页。朱季友(生卒年不详)是明初士人,因所献书被成祖认为"诽谤圣贤"而受罚。余辉、方志远:《明初朱季友献书一案始末及其影响》,《地方文化研究》2014年第1期,第67—75页。

② 他在另一处描述这一过程,则连用几个"猛"字:"猛思朱子盖为气质之性而图(指朱子《性图》。引者注。)也,猛思尧、舜、禹、汤以及周、孔诸圣皆未尝言气质之性有恶也,猛思孟子性善、才情皆可为善之论,诚可以建天地,质鬼神,考前王,俟百世,而诸儒不能及也。"《存性编》,第20页。

> 偶取阅《性理·气质之性总论》、《为学》等篇,始觉宋儒之言性,非孟子本旨;宋儒之为学,非尧、舜、周、孔旧道;而有《存性》、《存学》之作,然未敢以示人也。①

仍是将"忽知予非朱姓"和思想取向的变化通贯起来。② 可是这里用了一个"偶"字,似乎他对宋儒的反思是无意中寻到的结果,并不符合实情。身世之变引发学思之变,应是其放下精神包袱后,蓄积已久的思想能量喷薄而出所致。不过这也要有能量的蓄积在先,否则欲喷而无物,也就不会有"思想家"颜元了。照其自述,他在奉守文公家礼过程中,已深感"拂戾性情",惟"不敢疑"而已。然而"不敢疑"不等于不疑。实际上,在《礼文手抄》按语中我们已不止一次读到颜元的疑虑:"然古人之礼,朱子之言,非可轻议,姑以存疑。"甚至已非疑虑,而就是指摘:"元素笃服朱子,推为圣人,观此处所言所行,则动容周旋中礼与夫人伦之至尚或少欠,余岂敢阿其所好,而不舒一得之愚哉!"③这都提示出,即使在笃服朱子时期,颜元独立的个性仍存,是不能被克服的。

---

① 颜元:《未坠集序》,第 397 页。
② "忽知予非朱姓"和"忽知予不宜承重"语义相类,指涉相关而侧重不同:后者重在解放,前者重在新生,从中可以看出颜元不同时期的心境。
③ 颜元:《礼文手抄》,第 339、378 页。

随着身世真相的解开,心理阻障的解除,其学术自信也陡然增长。然而,这方面我们仍不能将目光局限于守丧时期。已有学者指出,早在学变前,颜元就产生了后来的许多想法,并非居丧悟道后,便从此不同。我要补充的是,颜元的气质本与朱子之学不甚合拍。他和养祖父母最初住于城中,自朱翁遇讼家落,经颜元劝说,迁回乡下,而"日费尽责之先生"。元则"耕田灌园,劳苦淬砺。初食蜀秫如蒺藜,后甘之,体益丰,见者不以为贫也"。艰苦卓绝,遇险愈强,令人想起他那"性朴诚""爱与人较跌"的父亲;而他后来反对讲说,提倡实习,其神髓也像极了他笔下的颜昶:"上唇微短,语艰如也。好植树,所植必成,尝云:'欲实又欲深,棒椎也扎根。'"① 无怪乎与李塨交往甚密而笃守程朱之学的方苞说:"习斋之学,其本在忍嗜欲,苦筋力,以勤家而养亲,而以其余习六艺,讲世务,以备天下国家之用,以是为孔子之学,而自别于程朱。"② 的确,就学术气质论,习斋之学深受农民文化滋养,至少不亚于他从士大夫传统中得到的启益(参看第三

---

① 张循:《"颜元"的诞生——清初学者颜元思想激变过程的重建与诠释》,第107—120页;李塨:《颜谱》,第711页;颜元:《父颜长翁事迹》,第585页。
② 方苞:《李刚主墓志铭》,《方苞集》,第247页。方苞对颜元学问的了解是得到李塨认可的,许之为"不为不深"。这几句话被光绪《蠡县志》的编者抄作对李塨本人学问特点的总结,其实并不甚肖。以上分别参见李塨:《复恽皋闻书》,收在《李塨集》,第1414页;韩志超、何云诰(修),张珨、王其衡等(纂):《光绪蠡县志》卷之六《名贤》,光绪二年刻本,第12页B。

章)。方苞作为一个世家子弟,敏感地把捉到了这种差异的根源。

此外,颜元又是自我意识极强的人。他和王法乾在三十岁订交后,"每会,二人规过辨学,声色胥厉,如临子弟;少顷,和敬依然。大约先生规王子腐旷,而王子规先生以流杂霸也"。颜元初觉"一切忧郁俱释,颇得乐趣",学"有日进之势";而次年因为就馆,"日与童子辈讲课时文,学遂退"。①事或真有,然其在潜意识中是否真觉"乐趣",不无可疑。明以来理学家开展"批评与自我批评",彼此不假颜色,乃是常态,颜元也应是真心欢迎,但闻过不快,圣贤不免;何况"腐旷""流杂霸"到底是性情所偏,还是学力不进,也很难论断。因此,次年之"学退"是否尽由外在条件所致,抑或是其自身疑虑造成的不自觉怠惰,对于他这样一个宏毅之人来说,其实也大为可疑。

在理学系统中,劝善规过乃是要"变化气质"。可是怎样看待"气质",颜元自有主张。他自立之后,大驳朱子将"气质之性"和"义理之性"二分之说,强调理固善,气也不恶。人们各因气禀,足可成就自己的一份圣贤事业,不必非要"变化气质"才可以(参看第二章)。这是他同理学分手的思想起点,

---

① 李塨:《颜谱》,第716页;颜元:《存学编》,第429、74页。

重要性不言而喻。但由此反观,也可知颜元此前早已对程、朱贬抑"气质之性"感到不安。按照他的逻辑,气质与生俱来,将气质界定为恶,岂非就是否定自我?这是把"我"视为"天生本体"的颜元很难接受的。① 故"拂戾性情"绝非其一时感受,必是其长期不适的结果。否则,我们也就很难解释,他何以仅因暂时性体验,就开始怀疑朱子家礼,进而否定整个理学,甚或将孟子以下的儒家道统全部推翻。② 他在知晓自己身世后,在很短的时间内就写出《存性》《存学》二编。③ 这都表明,其论点实早有积蕴,惟被其压抑于内心之中,此时则一泄而出而已。④

---

① 学变之后,颜元和友人、生徒的规过活动并没有停止。不过,如同他继续侍养朱翁一样,同样的活动,意义已变。规过是要"使人去其本无",而不是"使人憎其本有"(语出颜元三十六岁时致孙奇逢书,参看李塨:《颜谱》,第731页)。颜元当然可以接受。
② 李塨:《颜谱》,第776—777页。
③ 颜元得知自己身世真相的具体日期,年谱未详,惟此条之前有"十月一日"事,此下乃"十一月十一日"事,则此事当在此一个月内。又,《存性编》著于次年(1669)正月,则其开始动笔,距其身世之变还不到两个月,写作速度也很快,似乎最多一个月就完稿了。《存学编》写于本年十一月(李塨:《颜谱》,第726、730页)。在一年之中,颜元就完成了他最重要的两部思想著作。
④ 河合隼雄(1928—2007)曾征引荣格(Carl Gustav Jung,1875—1961)的观点,强调"创造性"的心理机制与"心理能量由无意识流向意识"的过程有关。他并指出,在此之前,创造者常经过一个心理能量由意识向无意识流动的"退行"阶段,此时人往往变得非常"懒惰"(《童话心理学》,赵仲明译,海口:南海出版公司,2015年,第75页)。颜元悟道前"既不读书,又不接人",盖即此一阶段。而正是在这"懒惰"期中,原先被抑制的观念开始慢慢向意识层面回流。

所以,颜元学变绝非一时机缘凑泊,而是较长时间潜流的喷涌。不过,重要的不是其思想是否具有连续性,而是颜元自己怎么想。他曾跟人说,在养祖母丧礼之后,他"病废几至灭性,诸事忽忘。丧前所读书,今见之若未握卷者;丧前所交人,非熟晤则忘"。① 说这番话是为求得友人对他某次失礼的谅解,但以颜元性格看,也绝非作伪,那当然就是真的病了。不过,换一角度,这不也是颜元在表达他遗忘过去、重获新生的希望吗?尽管历史的连续无法斩断,但不影响颜元在论述上将之切割为两个时期。换言之,无论其思想是否在"客观"上具有一贯之处,但在"主观"上,经过身世之变的颜元实以为自己一切从此不同了。

这里的一个典型例子,是他早年服膺宋儒时所写的《王道论》,后改题《存治编》,②以与其悟道后的"存"字头著作相匹配,而他并未交代改题的始末和缘由。此书被安置在一个全新的思想体系中,似乎完全忽视了它并非其学变的结晶。实际上,是书所讨论的井田、治赋、学校、封建等,是儒家诸派共同瞩目的大题目,宋、明士人尤关注之。颜元此书

---

① 颜元:《与彭永年书》,第464页。
② 并无材料证明《存治编》的题目是何时所改,惟年谱五十三岁(1867年)有"塨与张文升推衍《存治》,文升著《存治翼编》,塨著《瘳忘编》,先生订正之"的记载(李塨:《颜谱》,第760页),则必是在此之前。

无疑受到他们影响,也反证宋儒并不像他讲的那样只知静坐、读书。不过,承认了这一点,颜元思想的革命性和学变的意义岂非都要大打折扣?这当然是他本人及其弟子不能接受的。①

书题的修改只是颜元身世之变后易名行动中的一环。通过更改符号,他得以将过去各种零散、模糊的认同抟聚起来,加以清晰化,并产生出更为明确的认同,以重新界定自己的身份和信仰。三十五岁完成《存性编》后,他将斋号从"思古斋"改为"习斋"。"思古"是其服膺宋儒时所取,代表了回向三代的理想,但那是儒家各派所共有;"习"才是他自家体贴出来的宗旨,点明了他的特色所在,标志着他开始有意识地走自己的路了。三十七岁那年,他更放弃了使用近二十年的"朱邦良"一名,更名为"元"。② 尽管还要再过两年才能归宗,但这在颜元的一生中绝对是个决定性的时刻:他由此获得了"第二次出生",真正成为自己。

---

① 习斋晚年时所收弟子王源在《颜谱》三十四岁学变条后所书按语道:"先生自此,毅然以明行周、孔之道为己任,尽脱宋、明诸儒习袭,而从事于全体大用之学,非二千年学术气运一大关乎!"(李塨:《颜谱》,第726页)此言代表了颜李学派的共识,可算是他们集体信仰的一个神话。真相当然不这么简单,但这简截的断语却赋予整个事件高度的戏剧性,在许多思想革命者的传记中都可看到类似的表达。它为一个学派赋予了"时间开始了"的意义。
② 颜元自三十四岁得知自己的身世后,经过一年多的追寻,直到三十六岁那年的闰二月才找到故家和亲族,次年即改名为元,但年谱中没有交代改名的具体时日。李塨:《颜谱》,第726、736、732页。

二、延嗣之憾与人伦创伤

上文试图检讨身世之变对颜元学术变局的意义。然而,认祖归宗并未使其彻底解脱人伦困境,只是故事改换了一条线索而已。此时不再有一个强势的祖父来压制他,然而按照他对人伦秩序的构想,自己的生活仍是残缺不全的:他无父无子。这使其隐忧在衷,难以自释。

父亲的突然消失,无疑对幼小的颜元造成了持久的人伦创伤,[1]这使他一辈子向往一个完整的家庭。也正因如此,颜昶始终没有退出他的心理生活。如前所述,至迟从十九岁起,父亲就成为颜元的一根情感支柱,代表着家庭中的温情一面。据李塨说:颜元后来之所以改名为"元",是因"元、园同声。先生念初生名园,父知之也"。[2] 换言之,是为了方便父亲识认,这是孝子故事中一个常见的细节。[3] 其实,据颜

---

[1] 杨瑞松已注意到"'父亲'这个角色的缺失"对颜元造成的"严重的失落感",及对其日后"生命经验"的剧烈冲击(《追寻终极的真实——颜元的生平与思想》,第14页),但未展开。
[2] 李塨:《颜谱》,第736页。
[3] 如李颙少年时代,其父出征,战死在河南襄城。李四十四岁赶赴襄城,"致祭招魂"。因父"出征时尚未命名",李乃"自呼乳名以告"(参看惠龗嗣:《历年纪略》,收在李颙:《二曲集》,第572页)。其时流行的孝子王原寻亲的故事

元自称,颜昺为其所取乳名是"园儿"。① 较之孤零零一个"园"字,更多几分怜爱。想必在颜元对颜昺的有限记忆中,"园儿"两个字关联着一些非常温暖的时刻,只是我们一无所知。但可以肯定,这个名字乃是他和父亲心灵沟通的密码。②

我们知道更多的是那些更"正式"的层面:父亲对于他,代表了社会礼仪秩序中最核心的一环。自三十岁践行朱子家礼,颜元坚持于朔望之日"拜祖父母四,东向拜父四",元旦、冬日增至六次。及朱媪去世,他独居随东,"每出无所告,反无所面,即怅然;晨盥后,无所谒,辄悲楚",乃于三十六岁"立父生主,刺指血和墨书牌,出告反面,晨参,朔望行礼,一如在堂"。这块牌位维持着颜元整个生活的节律,使其心灵重获安稳,对于他的意义相当重要。因此,年谱记录颜元自蠡县启程归宗的仪式,仅用了寥寥数字,而颜昺的生主几乎吸引了我们的全部目光:"告父祠,奉生主升车,随之西归。"③颜元和颜昺在此合二为一,这是颜元的归宗,也是颜

(详见下文)亦有一细节:王原寻到失踪已久的父亲后,其父唤以乳名,遂至父子相认。这些都表明"乳名"在此类故事中的重要作用。
① 颜元:《父颜长翁事迹》,第585页。
② 颜元接人手书,"见'唯恐归罪于父'一语,为之鼻酸欲泪",以为此"足征爱父之心"(《与贾子一书》,第463页)。其实此乃时人常言,颜元有此反应,殆是移情所致。
③ 李塨:《颜谱》,第715、727、733、736页。

昺的归宗。

在事实层面,是颜元将父亲领回了颜家门庭,而在象征层面则恰好相反:颜昺被设定为此一进程的引导者。三十七岁找回颜家后,颜元已做好归宗打算,遂在除夕日以颜昺的名义设立祖父神主,"于其祭也,曰:'孝子某使蒙孙元致祭'"。归宗后,仍以颜昺名义设立曾祖妣的神主,而以其殇子赴考附食,建立了一个以颜昺为中心的五服系统。① 这意义很明显:通过以父亲的名义行孝,颜元也履行着对父亲的孝道。

父亲也为颜元提升自我提供了驱动能源。他日记有段话:"思后儒每以'一警策便与天地相似'自多,不知人子原是父母血气所生,但不毁伤污点,便可仿佛父母形体;然必继志、述事,克家、干蛊,乃为肖子耳。""继志、述事,克家、干蛊",至少在字面上,都是儒者常言,但这是他刚刚寻找到颜氏家族后不久所写,"肖子"二字,必是深富情感,而非泛泛而论。通过将自己的行为描述为对父母(其实就是父亲)志业的承继,颜元为自己赋予了更深厚的道德动力。他曾告人:"人生产业、身体、性命皆祖父之遗",若"不可得兼",最重要的是"勿坏性命",要在不可"丧志"。倘若一个人意识到自己

---

① 李塨:《颜谱》,第 740、741 页。

乃是父母之"遗体",自己的视听言动即是父母的视听言动,自然会更乐于践道行德,因为他是在光耀自己的父母,而不是他本人。"思齐戒日,有不悦宜宽之,曰先考之量容之也;有交财宜让之,曰先考之惠及之也。"①他通过道德践行,与父亲"合一"了。显然,对颜元来说,这个原则绝不会仅限于斋戒日。

从颜元对颜昶的各种叙述和表现来看,"父亲"在他那里始终没有获得更为具体和生动的内涵,主要就是一个人伦价值的符号——这强化了"父亲"在儒家观念中原本就具有的象征意义。当然,这并没有削弱它的作用力,相反,父亲在现实生活中的缺席,恰好给了颜元一个用自己的理想将之填充的机会。他晚年尝告人:"子有祖父在,礼不得专行。"一切善言善行"须潜孚祖父,若自其己出,而我奉行之者,乃善。此吾在朱氏时所自勉也"。②惟朱翁性情严厉,亦与之道不相同,给他造成严重的压抑感。此时的颜元则完全自由(他实际已经成为家长),可以"专行"己志了。但孝道原则仍要求他想象出一个父亲,而这个"父亲"是颜元将自己的价值观投射造成(这就是为什么他是一个"肖子"之故),和那个专力务农的颜昶相去甚远:他用父亲的名义为自己创造了一位父亲

---

① 李塨:《颜谱》,第 732、767 页;钟錂(辑):《言行录》,第 662 页。
② 李塨:《颜谱》,第 763—764 页。

(因而他在无意中成为自己父亲的"父亲")。① 这在颜元把父亲领回家这个举动中清楚地表达出来:这既是他对儒家伦理的自觉践履,也是他迫切的情感需求。

以五十之龄出关寻父,在颜元一生中,是仅次于身世之变的一场大戏,也是其一生事业的高潮。前边说过,他心中早蓄此念,只是碍于朱翁,不敢施行,不过他三十七岁学习占卦术,就是为了筹措路资;归宗后,本拟出寻,又遇三藩之变,"塞外骚动,辽左戒严,不可往",兼之欲"为父母立一血嗣",又迁延数年,因感觉年迫老大,乃毅然出关。周折困苦,艰辛备尝,终于找到父亲遗骨,奉主还乡。事后,颜元还写了一篇《寻父神应记》,详述其间发生的诸般灵异,表示不知此种种"神应"系"考为之乎"抑"神使之乎"? 若"神之力,神惠不敢

---

① 颜元这个非常特殊的经历很有趣地回应了美国人类学家司徒安(Angela Zito)在中国早期祭礼中发现的父子角色的倒置现象:儿子承担着"尸"的功能,成为死去的"祖父"的象征,接受自己的父亲的祭拜。"一个人有权扮演'祖父/神灵'是因为他是祭祀者的儿子;反过来讲,这位'父亲/祭祀者'也只有在变成自己儿子的'子嗣'后才能在祭祀里连通('通')无形的世界。在祭祀里,真正的儿子扮演祖父;真正的父亲扮演儿子,或者说是未来的祖先。这种与无形的祖灵世界的联结把一个人'推向过去'。身为人子不意味着永恒,它更像是把自己置于时间和不断变化的绵延。"(《身体与笔:18世纪中国作为文本/表演的大祀》,李晋译,北京:北京大学出版社,2014年,第232页) 颜元面临的日常性、情感性的情境和祭祀典礼这种特殊的礼仪时空不同,但它们都展示出,在行孝过程中,单纯的生理性和心理性的父子关系常被超越甚至打破,而这主要取决于孝道所着眼的家族延续目标。这又意味着,任何一个特定时空场景的秩序,都是靠时间绵延性保障的。

忘也；考之灵，考慈不敢泯也"。① 显然，此文就是要向神明（文中提到城隍与关帝）或颜昶的魂灵表达感激，而同时也使读者获知颜元的举动感格神鬼，至少获得了父亲在天之灵的认可。② 然而，这努力也再一次提示我们，颜元一直在用自己的价值观想象颜昶，而他那抛妻弃子的父亲也因此被他有意无意地用儒家的伦理观美化了。③

---

① 李塨：《颜谱》，第735—736、756页；颜元：《寻父神应记》，第421页。
② 颜元六十八岁时写有一文，讲束鹿孝子王化麟寻亲故事，亦津津于其间的神异事迹，并明引《尚书》"至诚感神"一语以解之（《孝子王化麟寻父记》，第421页），正是其在《寻父神应记》中呼之欲出而终于未说的话。
③ 颜元将父亲塑造成兼具情感与价值于一体的理想形象，提醒我们注意到他生活中的另一现象。母亲在其生活中的作用似乎异常薄弱，唯一的例外也是功能性的：闻知父亲身世之初，"先生大诧！往问嫁母，信，乃减哀"。是否因其母已改嫁，对他来说是一耻辱？似也不然，因他自己并不讳言此事，且与之多有走动，并不时周济其家。但若和同时期许多士大夫的回忆录做一比较，则不难看到，在颜元对生活的理解中，"母亲角色"的缺乏是非常显眼的（但不是没有。在相当程度上，朱媪就扮演了这个角色。尤其是当她和颜元被朱翁驱逐后，祖孙二人相濡以沫，更深化了他们之间的情感纽带——颜元在居丧期间的作为，一定是受到这种情感力量驱使的。不过，颜元在各种自述中，对此却着墨无多，意味着他在形成自我认同的过程中，并未充分考虑这一因素的影响）。如果我们注意到，在中国传统中，"父亲被看作是价值和道德系统的正式的和官方的方面的代表，母亲则是非正式的和非官方的方面的代表"，则可以发现，颜元感情生活里"非正式"一面的阙如正和其儒学思想中的"原教旨"倾向相应，而这一点，我相信又和真正的"父亲"在颜元生命中的失踪有关。换言之，对父亲失踪的心理补偿，使得他在理想的层面上进一步强化了对儒家父权理念的认同，这决不只是一个"思想"的问题，亦是一个"情感"的问题。以上分别参见李塨：《颜谱》，第725—726、727页；熊秉真：《建构的感情——明清家庭的母子关系》，收在吕妙芬（主编）：《明清思想与文化》，北京：世界图书出版公司北京公司，2015年，第2—26页；霍大同：《代情结——中国人梦中的母与子》，收在霍大同、谷建岭（主编）：《精神分析研究》第2辑，北京：商务印书馆，2016年，第36页。

商伟在关于《儒林外史》的研究中注意到,吴敬梓(1701—1754)笔下那位郭孝子与颜元的事迹高度类同,而《儒林外史》这段描写和《颜习斋先生年谱》中有关段落存在"或许并非巧合"的"对应"。并且他指出,孝子寻父是明清小说戏曲反复出现的主题,且都以明人王原的事迹为母题。而各种有关王原的记述,都充满了"梦境、预兆、奇迹和神的意志之显现等情节"。这为我们理解《寻父神应记》提供了一条重要线索:在那里,"梦境、预兆、奇迹和神的意志",一个都不缺少。① 我们当然不能据此认定颜元是有意抄袭王原事迹,事实上,他根本没有提到王原,但王原是文安人,距博野不过一百多公里路程,且以之为模特儿的故事在当时流传甚广,颜元这样一个孝子若毫无接触,似不可能;而这些故事对他造成强大的心理暗示,促使其下意识地效仿原型,乃至借用相似框架诠解自己的经历,亦不足奇。

进一步,无论王原还是颜元,其实都是宋元以来愈演愈烈的孝子寻亲故事的实践者。吕妙芬通过对明清时期大量此类故事的分析,指出它们遵循了一些共同的叙事模式,包

---

① 商伟:《礼与十八世纪的文化转折:〈儒林外史〉研究》,第 76—81 页。按王原之父因逃避里役,在王原尚在襁褓之时就离家出走。原长大后出外寻亲,终于在河南一个寺庙内找到了父亲。参看纪常,《王孝子传》,收在陈桢(修),李兰增、陈德沛(纂):《民国文安县志》卷之九《艺文志》,1922 年,第 8 页 B—第 9 页 B。

括"不容已的孝思""危厄艰困的旅程""天人交助的网络"和"救赎的主题"等,①而这些因素,也都出现在颜元的寻父故事中。在这个意义上,颜元是一个"典型"的孝子,他以实际行动成就了彼时社会认同度最高的一种道德典范,可谓优入圣域的关键一环(参看第三章)。

有趣的是,颜元为父亲所写传记,也提到一个与自己的经历相类似的事件:颜昶出走前夕("初六夜"),对颜元的母亲说:"昔有人不得于父,自创二刃不死,鞅鞅出,披剃为僧。其后二子皆登第,擢显职,访求得之。恳还,卒不许,诰封亦不受,曰:'吾既不得于父,焉用家?焉用子?'"这番回忆必得自颜母的复述,而后者对此一定留下了极为深刻的印象,曾在幼年的颜元面前反复陈说。这个故事的具体情节和王原故事不同,"不得于父"其实更像颜昶本人的自画像,故颜元判断,这是其父"托言以相诀,而元母不悟也"。②

颜元清楚地意识到,这个故事里的父亲形象具有高度暗示性,使我们不能不想到:像多数自居正统的儒者一样,颜元终生以排佛自任,且态度极为坚决;那么,这个父亲剃度为僧的结局,是否会令颜元想及自己不知所踪的父亲可能的结

---

① 吕妙芬:《成圣与家庭人伦:宗教对话脉络下的明清之际儒学》,第155—192页。
② 颜元:《父颜长翁事迹》,第585页。

局,进而感到不安?这是极有可能的。就在讲过颜昶出走事实后,颜元有此一段感慨:"父东时,元方四岁,弟二元随殇。元虽待罪两间几四十,犹与乡人侪也,乌能及遁僧子哉!乃吾父竟作遁僧,其言如券矣。"① 这段话写在其赴关东寻父之前。所谓"竟作遁僧",当然不能理解为颜元已经认定了颜昶的行踪,而是说其父竟如遁僧一般,关键在于"遁"字而不是"僧"字。然而,这无意一语,亦透露出其内心的惶惑。事实上,如同颜元一定要把父亲寻回家门一样,他的一生执着于劝说僧道"还俗"的事业,大概也是一条通往其潜意识的迂回路径。

这里说"还俗"只是采用习语,实际上,颜元在专门针对"异端"信仰者的《唤迷途》(写于他四十八岁时,后收入《存人编》)中,曾郑重表示,"还俗"二字不妥:"夫谓之俗,必以为作

---

① 颜元:《父颜长翁事迹》,第585页。颜昶离颜元心中的理想人格其实极为辽远。他离家弃子,投奔清兵,并曾为满人代管所掳汉人百姓。用颜元攻击僧道的话说,正是典型的"舍君而不之臣,舍父而不之子"。王源身为遗民之后,刻意修改颜昶出走的真相(参考前文),或也有考虑到此点而欲为其讳饰的缘故。此外,颜昶在关外开店,遇小儿偷糖,"掌其首浸血",其性格之暴躁,亦可见一斑。吕妙芬已经指出,孝子寻父故事中的父亲往往是"好游不归、不负责任、彻底失职"之人,而在孝子传中,这些问题都被系统性地忽视了。不过亦有例外。在一部小说中,就有一位离家出走的父亲,被明确斥为"非丈夫""薄幸"。以上分别参见颜元:《父颜长翁事迹》《存人编》,第585、139页;吕妙芬:《成圣与家庭人伦:宗教对话脉络下的明清之际儒学》,第189页;天然痴叟:《石点头》(与东鲁古狂生《醉醒石》合刊),北京:华夏出版社,2013年,第225页。

僧道是圣果事,而今还于俗凡也;必以为是清雅事,而今还于俗鄙也;必以为新奇事,而今还于俗常也",正确的说法应是"归人伦",以"明乎前此迷往他乡而今归家也,明乎前此误入禽兽之伙而今归人群也,明乎前此逸出彝伦之外而今归子臣弟友中也"。第一句就以归家做比,应非偶然。实际上,《唤迷途》一名就来自这个比喻。他接下来又大谈还家之乐:"世人去家乡数千里,见一本土人,辄涕泣不胜,一旦还乡,则邻里皆来看望,心安意乐。今之归伦,何独不然!"① 这描述大概就以他自己归宗的经验做底子,而在其心中,寻父归家与劝人归伦,正是两个可资相互比附又出自同一价值源头的行为,目的就是使这些无家之人能够享受自己曾经享过的幸福。②

对从小就"失去"父母的颜元来说,家庭、家族、家乡都是人生幸福的象征。③ 他劝说僧道还家,当然也就由此下手:

> 家下有房屋田产的固好,虽无田产、房屋,寻个手艺

---

① 颜元:《存人编》,第123—124页。
② 从"尽人伦"的角度区辨儒家与二氏,也是明末清初儒者论学中一个很常见的看法(吕妙芬:《成圣与家庭人伦:宗教对话脉络下的明清之际儒学》,第99—100页)。本文并不是要忽视这一时代思潮对颜元的影响,但我关注的是如何根据颜元的个体经验和感受来理解他的主张。
③ 例如,他六十六岁的某个冬夜,已上床休息,"闻子樵还,复出围坐,成一联云:'父子祖孙,幸一筵共乐;渔樵耕牧,喜四景长春'"(李塨:《颜谱》,第787页),醉享天伦的幸福感溢于言表。

生理的也好,就两者俱无,虽乞食度日,比做僧道也好。好在何处?现有宗族,合他有父兄、子侄情分,便病了,他直得照管你,便死了,他直得埋殡你,便做鬼,也得趁祖宗享春秋祭祀,岂不是好!若做僧道,莫说游僧游道死在道路,狼拖狗曳的,便是住持的,若无徒弟也苦,虽有徒弟伏侍的,终是异姓人,比不得我儿女,是我骨肉,也比不得我宗族,是我祖宗一派,死了,异姓祭祀也无飨理。况世上那有常常住持的寺院,究竟作无祭祀的野鬼,岂不伤哉!①

这其实和佛教的义理格格不入,未必说得动真心皈依的僧人,但观过知仁,从中却恰可见颜元自己的理想,而他认祖归宗,万里寻父的情感根由,也都可在其中找到。②

父亲的角色虽然重要,但人终有一死,且寻父成功,已是不小的补赎。最让颜元难过的是他后嗣乏人。据前所述,颜

---

① 颜元:《存人编》,第 123 页。
② 颜元对宗族生活的描写,充满了乐观情绪。但他有时也能意识到,现实未必如此。比如《言行录》中一条:"为子侄处父、叔间,须劝父让产以友弟,劝叔勿争以恭兄,乃其职也;若从父拒叔,不惟非所以为侄,亦非所以为子矣。汝不见余处某弟乎?以彼无状,予岂不能罪之?顾宗族之间宜无校,况胞兄弟乎?"显然,他归宗后,还是会面临一些宗族内部问题。事实上,他在死前半年自勘一生功过,亦承认"化族一事"是不成功的。不过,通常情况下他会有意无意地忽略此点。以上,钟䥹(辑):《言行录》,第 647 页;李塨:《颜谱》,第 792 页。

元二十五岁生下一子,五年后就夭折了,之后再也未有一儿半女。三十三岁,他从朱氏宗族中过养一子,取名㧑言,在归宗时亦令其留归朱氏。四十七岁,以一位颜姓族侄为养子;五十五岁,"知养子有隐疾,不能嬗嗣,且有室变",而于次年过养一位族孙为孙。①

颜元对其子极为怜爱。他为赴考所写祭文,是所有为亲人(包括朱翁)撰述文字中情感最为炽烈的一篇。而颜元伤子之情,实亦自伤:"吾穷于人伦,四岁失父,十岁离母,上无兄姊,下无弟妹,惟立子尚早,是至穷苦中一乐也;吾穷于学问,上无父师之训,中无兄弟之助,下无弟子之承,惟与尔礼乐从事,又至穷苦中一乐也。今皆成往事,使我乌能已于悲哉!"②

稚子之殇唤醒了颜元幼年面对父亲出走、母亲易嫁的无助之感,又和他其时正在遭受朱翁父子苛待的现实情境相映发,遂使其产生自己"穷于人伦"与"生为天绝"的感慨和认同,此后频频出现在其笔下(尤以为友人所作祭文为多)。③最富有启示意义的是他三十四岁那年的一个梦:"十一月十一日夜,梦纳一秀才主于文庙,㧑言用火香点之,一老妇随后。

---

① 李塨:《颜谱》,第725、739、752、763、765页。
② 颜元:《祭无服殇子文》,第552页。在其描述中,赴考全是一副小圣人模样,"可与融(孔融,153—208。引者注,下同)、香(黄香,约68—122)并美",甚而有所过之,被他称为"礼儿",正是颜元理想中完美儿童的形象。
③ 颜元:《辞魏帝臣见招》《祭友人王五修文》《哭奠会友赵太若》《哭奠友人冯绘升》,分别在第467、529、544、545页。

寤而思曰:'子点主,非死兆乎?养子拈香,非终无后乎?然主妇已老,则死期尚远也。惟学程日退,焉得入孔庙乎?或后有妄传妄信者乎?愧矣。'"①其时他刚刚确定自己本非朱姓,还沉浸在身世突变的冲击中,就基本断定了"无后"之命。对一个仍在壮年的人来说,结论下得未免太早(事实上他之后也没有放弃生子的努力),②然而也正好透露出其忧心之所在。

除了感情原因外,无后对颜元造成的更重要冲击还在价值系统方面。他始终相信传嗣即是行孝的一部分,在"人伦"中居于枢纽地位。③ 他二十六岁时承朱翁之命赴京赶考,在

---

① 李塨:《颜谱》,第725—726页。这个梦对于颜元的意义,颜李后学亦有感知(徐世昌〔纂〕:《颜李师承记》,第5页)。颜元极重梦的预兆意义。他解说《论语·述而》"子曰:甚矣吾衰也,久矣吾不复梦见周公"条,批评程子、朱熹"先为俗语'梦是心头想'一语所蔽",皆以为此句系孔子自叹年老气衰、难以有为之词。其实,此"是悲道无可行之兆,非叹老也。周公之梦,兆应在摄行相事,三月大治。后不复梦,是道无行兆"(颜元:《四书正误》,第192页)。他对自己这个梦,也是同样解法。

② 他五十五岁时,为"却疾求嗣",还"增夜中坐功"。李塨:《颜谱》,第763页。

③ 这当然是儒家思想的一个悠久传统,但承嗣一事对颜元学派来得尤为重要。李塨曾言,"二十四孝"中郭巨埋儿一事"不足信。信有之,断父母之续体以为孝友,乌在其为孝友哉"(《郭孝妇传》,收在《李塨集》,第1421页)。其重点在于,如果不能延存"父母之续体",根本就没有孝道可言,这和时人通常的评价是截然相反的。颜元的另一个弟子国之桓(1628—1698)"老以无子置侧,凡求嗣,必偕齐戒沐浴,联生三子"(李塨:《颜谱》,第783页),态度郑重,绝非偶然。然而另一方面,与颜元长期苦于继嗣之难不同,他身边有些人的苦恼则和他相反。《言行录》中有一条:"颜羽深言多子之苦。先生曰:'人世苦处都乐,如为父养子而苦,父之乐也;为子事父而苦,子之乐也;苟无可苦,便无所乐。'"然而"羽终言为苦"。颜元不得已,搬出禹、稷、颜回、诸葛亮等人的事迹,以示其虽苦实乐的道理(钟錂:《言行录》,第654页)。颜羽应是颜家宗族中一人,无子的颜元对多子者的苦恼显然是无法理解的。

北京白塔寺成功说服一位僧人还俗,是其生平一大得意事,李塨、钟錂皆有记录,必是颜元屡向人道及的一件事。其间最重要的一个环节就围绕嗣续话题展开:

> 僧又侈夸佛道。先生曰:"只一件不好。"僧问之,曰:"可恨不许有一妇人。"僧惊曰:"有一妇人,更讲何道!"先生曰:"无一妇人,更讲何道?当日释迦之父,有一妇人,生释迦,才有汝教;无退之父,有一妇人,生无退,今日才与我有此一讲。若释迦父与无退父,无一妇人,并释迦、无退无之矣,今世又乌得佛教,白塔寺上又焉得此一讲乎!"①

道、教有承,本身就建立在后继有人的前提下,则延嗣于人何其紧要! 不过,这时候颜元的论述主要还是单纯的说理,之后,他就开始不断攻击"佛、菩萨、仙师,都是断子绝孙,不忠不孝之鬼",佛道皆是"断人血脉""覆宗绝嗣"之教。逢僧人必劝其"归家娶妻,为祖、父衍血嗣"。他的理由是,人身乃"自开辟之初,人人相生",累积"几千万人之血胤而始至今"的结果;"今日娶妻生子,又子子相生,亦不知有几千万人之

---

① 李塨:《颜谱》,第713页。又,钟錂:《颜习斋先生辟异录》(以下简称《辟异录》),第604页。

命脉也,岂可中间自我而斩?"他自信,即使是"西域真番僧",听他一席话亦必会"垂头下泪":"你虽不幸而不生天朝,你独无父母耶? 你父母生下你,你便不做人父母生人,可乎?……你看天地是个大夫妇,天若无地,也不能化生万物。天不能无地,夫岂可无妇! 你看见妇人,果漠然不动念乎? 这一动念,却是天理不容灭绝处。"曾有僧人听其劝告还俗者,颜元高兴地为其取名"宏绪",字"昌裔",可知也是由此点下手攻破的。①

宋明以来儒者攻佛,多从心性入手,着落在批判其枯寂虚无一面上,当然也有从夷夏之辨和绝人宗嗣等方面着眼的,不过总量远不能和前者相比。② 颜元的基本论点并未超出旧有范围,但侧重点明显集中于后两面,尤其宗嗣理论更是其津津乐道、念兹在兹的议题,乃至夷夏之辨也被他与宗法观念联在一起。③ 而他对儒家思想的关键词之一"生"的理解,也主要由生育衍生而来:"昔者圣人之治天下也,惟务生人,其生人也,务厚人之所以生。故父子,人之相生也者,

---

① 颜元:《存人编》《存学编》,第144、134、147、130页;钟錂:《辟异录》,第605页;李塨:《颜谱》,第784页。
② 关于明清之际士人从肯定男女之欲和生育的合理性角度对佛教所做的批判,参看吕妙芬:《成圣与家庭人伦:宗教对话脉络下的明清之际儒学》,第264—278页。 其中亦论及颜元。
③ 比如他对一个姓刘的佛教徒说:"翁刘氏,自当祀刘氏祖,不当为李、王祀祖;我天朝自有圣师,岂可师西方之佛乎!"钟錂:《辟异录》,第611页。

教之孝慈；兄弟,人之同生者,教之友恭；夫妇,人之从生者,教之义顺；君臣朋友,维人之生者,教之令共与信。"又言:"'尧、舜之道,造端乎夫妇',此端字,是端倪的端字,……无夫妇则人何处生? 一切伦理都无,世界都无矣。"他对家、国位置的安顿,也是以此字为基石的:"人非人不生,生于人之身而为之子,则必有父；人非人之世不生,生于人之世而为之臣,则必有君。"① 如是,简直可说生育构成了整个世界秩序的起点和结构。②

颜元的关注点何以聚焦在此? 一个原因是,他热衷于对下层说法,自不能讲过高的层次,生子继宗更易被时人接受；而此议题本身也确在儒家观念中占有重要地位。但其个人的心理创伤,无疑也是不可忽视的动力。五十三岁那年,他写信给人,悲痛不已,表示自己"目盲齿落矣,发白体惫矣,病态种种,死将至矣",而"先人血嗣未立,一隙承绪无人",岂能"便如此以死哉"?③ 然而,他愈是念念不忘于"为祖、父衍血嗣",这伤痛对他就愈是强烈,因为他最终不得不面对"几千

---

① 颜元:《存人编》,第 153、127 页；颜元:《与高阳孙衷渊书》,第 454 页。
② 吕妙芬:《颜元生命史学中的家礼实践与"家庭"的意涵》,收在高明士(编):《东亚传统家礼、教育与国法(一):家族、家礼与教育》,上海:华东师范大学出版社,2008 年,第 130—131 页。她也注意到颜元劝说僧人还俗之事,并与王阳明的类似行为做了一个有趣的比较(第 149—150 页)。此文承四川大学历史文化学院博士生王康先生提示。
③ 颜元:《答陈端伯中书》,第 461 页。

万人之命脉中间自我而斩"的结局——他对僧道的指责,不可避免地落回自己身上。颜元未在父亲生时尽孝,又不能延续父亲血脉,仅从结果看,岂非和异端殊途同归?颜元是否感到了此中反讽,我们并不清楚,不过他是个极具反省能力的人。在反出朱学不久后就意识到:"今抑程、朱而明孔道,倘所学不力,何以辞程、朱之鬼责哉!"①程朱如此,僧道何独不然?当然,即使他从未思及自己和僧道的相似之处,我们也可以肯定:对生育的分外执着,揭示了其心头紧张的来历。

虽然颜元和彼时社会思想的大风势一样,反对"命中造定"论,强调"造命回天"之可能,端在人本身的作为,不过,随着年龄增长,他越来越倾向于承认无嗣是他不可逃避的命运。钟錂所记他晚年一条语录道:"气数所在,虽圣人无如之何。尧、舜之子不才,孔子之子先天,禹三世几绝嗣,武

---

① 王源:《颜习斋先生传》,第705页;李塨:《颜谱》,第731页。颜元一生以拒斥程朱为事,而反过来,程朱对他来说也一直是无法摆脱的压力来源。比如,他五十七岁南游,遇到夏峰弟子耿极(字保汝,1622—1700),"乃以《存学》质保汝曰:'请问孔、孟在天之神,以为是否?程、朱罪我否?'保汝曰:'孔、孟必以为是也,程、朱亦不之罪也;但目前习见不脱者起纷纭耳。'"他晚年为驳《四书集注》,著《四书正误》(然而颇堪玩味的是,此书体例颇近朱熹《杂学辨例》)。其中一条,大讽"朱子未尝造就成一人"、程子后学多流于禅,以为即就选就人才一端而言,程、朱已不足以服"豪杰贤士"之心,"况敢大言'内圣外王''安成神化''发前圣未发''集大成'等语以欺世乎?"紧接着笔锋一转:"忽自反,吾教七八人,尚立之未立,道之未行,况得邦家治千万人乎?殊堪愧汗!"此处"忽自反"三字,极为传神地传达出颜元心中潜藏的程朱身影,当其酣畅淋漓批判后者之时,心头亦不由自主地将自己投射到反批判的地位上。以上分别参见李塨:《颜谱》,第769页;颜元:《四书正误》,第228—229页。

王八十始立子,气数何心哉?"作为颜元的贴身弟子之一,钟錂当然知道此中玄机:"先生此言,盖为己发也。先生之学德,而并无不才之子与先天之嗣,则气数诚何心哉!先生虽云顺受者,君子不能不为之悼叹矣!"然而,此言是否意味颜元对此真已到了"顺受"境界?未必。《年谱》六十四岁的一条记录显示:"三月八日忽长吁,自愧必有隐忧不自觉者。"既已意识到"隐忧"存在,则不能说全"不自觉",实际是被刻意压制,而他仍有所感。因此,记录虽未明讲此忧何在,但长期以来横亘他胸中不释者,除了对其道"不行"的感慨外,大概就只有"先人血嗣未立"了——这一点让他无法圆满地践行一个孝子的责任,成为其生命中的一个"未完成事件"(unfinished business)。按照格式塔心理学的看法,"未完成事件"会不断呼唤人们的关注,提醒人们去将之"完成"。正是这一观察为我们理解《年谱》七十岁的一条记录提供了线索:"八月二日夜,梦中大哭父!阛巷皆闻。"恰好在他逝世前一个月(颜元于是年九月二日卒)。① 颜元一生践行孝道,在即将弃世之际,回首前尘,有何可以抱憾,而于"梦中大哭父"者?当

---

① 钟錂(辑):《言行录》,第 623、680、684 页;李塨:《颜谱》,第 750、782、793 页;彼特鲁斯卡·克拉克森(Petruska Clarkson)、珍妮弗·麦丘恩(Jennifer Mackewn):《弗里茨·皮尔斯:格式塔治疗之父》,吴艳敏译,南京:南京大学出版社,2019 年,第 51—52 页。

然仍是"无后"。①

若说在"为祖父衍血嗣"方面,颜元具有强烈的无能感的话,在"为往圣继绝学"方面,他则颇为自信。还是回到在他第二次生命开端的那个"点主"之梦。尽管梦中透露的一个信息(无后)是不幸的,但另一个信息则鼓舞人心:颜元那时已经意识到,他是要"入孔庙"的。根据荣格学派的看法,"梦境述说的不仅仅是因果关系,更是最终的方向",即一个人"生命力(libido)的趋向"。② 此梦表明,入继道统乃是颜元为自己树立的终极目标,而这个梦仿佛就是上天给他的一个承诺。因此,在那之后,他就自信地走上了独立的学术道路。事实上,相对他在传延祖宗血脉方面的"失败",他在学术上的"革命"多少是个补偿,且为其带来更为广大的意义。然而这不等于他就不再受到继嗣阴影的影响。颜元的学问和生活是一而二二而一的。他给殇子赴考的祭文,就同时提到血脉和学问("礼乐从事")两条线索,显非偶然:他寄托在那个幼童

---

① 事实上,颜元无后,已被时人怀疑为学说有误的后果(参看第三章)。而作圣与绝嗣的不对称,必曾使颜元感到紧张。他自谓"天绝",或可参照袁黄(1533—1606)的一段话:"不登科第,不生子者,此天作之孽,犹可得而违。汝今扩充德性,力行善事,多积阴德,此自己所做之福也。"(袁黄《袁了凡先生四训》,苏州:灵岩山寺、弘化社,2009 年,第 9 页)将不幸归诸"天"命,至少部分减轻了他的道德紧张感。

② 玛丽-路蕙丝·冯·法兰兹(Marie-Louise von Franz)《解读童话:从荣格观点探索童话世界》,徐碧贞译,台北:心灵工坊文化事业股份有限公司,2016 年,第 99 页。

身上的,不止是自己肉身生命的延续,也有学术生命的传承。可惜这个理想早早破灭,成为其一生无解的心结。①

颜元的弟子回忆起老师,总不忘记提到他所遭遇的人伦困境。如钟錂说:"天啬先生以伦常,使幼无父母,长无君臣,无昆弟,无子息,孑然一身,孤苦莫似;而独不能限其学德,时进日益,一言一行,皆可作世楷模。"王源感慨其"遭人伦之变,艰危贫陋终身",就特别提到"一子殇,遂无子,以族孙为之后"。更加令人扼腕的是,颜元辞世仅仅四年,他那位养孙就亡故了。李塨得知凶信,"因思天生人,有禅生,有特生。禅生常也,特生异也。如习斋之生,上不关父母,下不关子孙,乃天特生,以明周孔之道者。禅生之常,乌足以论之哉?""特生"二字,在李塨代表同门为老师所写祭文中就已出现,但那是一个动词,取天生圣贤之意("天道运会,……特生其人"),②与此处作为特定分类范畴不同。很明显,李塨一直在为老师的命运感到困惑,直到他想出了"特生"和"禅生"这些概念,才给了事情一个"合理"的解释。③ 从其所描写的现

---

① 李塨自承:在自己"立子前数年,日夜悬结不去怀,见贩夫佣保携孩童过,瞿然念其德行必胜我"(《警心编序》,收在《李塨集》,第1376页)。颜元当然未必自伤且自卑若此,但其"日夜悬结"的心态甚像。
② 钟錂(辑):《言行录》,第696页;王源:《颜习斋先生传》,第705页;冯辰等:《李谱》,收在《李塨集》,第1806页;李塨:《颜谱》,第795页。
③ 颜元死后不久,李塨"思习斋遭人伦之变,天重重机之,而干旋愈力",称其"真不为天所胜",乃孔子所谓"'仁以为己任,死而后已'者也"。不久,他赴北杭村哭师,为文祭之,重述此意,其中并无"特生"一类表述。冯辰等:《李谱》,收在《李塨集》,第1794页。

象来看,李塨说的"特生",其实就是颜元自悲的"天绝",不过却将后者的悲剧情调做了升华,赋予其一种神圣感。它将颜元提升到"非常"位置,这样他身世遭遇的惊人不幸和学术成就的卓异非凡(在李塨眼中如此),就不再是矛盾的反差,而成为伟大的标记。然而,李塨的困惑,又何尝不是当年颜元本人也曾有过的困惑呢?

三、结论

颜元的一生犹如中了魔咒一般,反复遭遇各种人伦困境:他自己的身世、父亲的逃亡、母亲的改嫁、儿子的夭折,乃至连养子也无法生育,① 运命之蹇,世所罕见。他虽以宏毅之资脱颖而出,但这种种不幸仍造成其巨大的心理创痛,并对其学术思想带来持久的影响。本章集中讨论两个方面,一是其身世之变,二是其延嗣之苦。身世之变为颜元提供了一个解决认同危机的出口,使他从过去必须承担的孝道压力下解放,获得新的自我,同时也使其过去已经存在而被压抑的零星学思破茧而出,不再依草附木,走上一条独立道路。通

---

① 这份不幸的单子也许还可以加上:他的夫人也是被人收养的(李塨:《颜谱》,第708页),他的养祖母也无法生育。

过身世之变,他行孝的对象更加集于父亲一人。然而其父实际并不"在场",这既缓解了他要成为自我所必须直面的孝道压力,也强化了孝道压力的另一面——传宗接代,而他在这方面的不成功,恰好和他在学术上的声望日隆形成尖锐对比,成为困扰其一生的情结。

在颜元一生中,父亲的出走是其所遇一系列人伦困境的开端,构成了其心理创伤的原点。从此,追求完整的家庭生活,成为其挥之不去而又渺不可及的梦想。而在其心中,每一个家庭又只是绳绳相续、绵绵无绝的人伦统序里的一个节点。这样,个人就成为天地不息生机的一部分,获得了终极意义。凡逸出此人伦者,皆是离散在外的游子,需要有人将其领回故乡。同一种结构也被用来理解儒教的意义:自孟子以后,儒家就走入迷途,而颜元自己,正是那个将道统寻回,率领大家在思想上归宗之人。事实上,对于把学问和生活打成一片的颜元来说,血脉意识和学统观念不但互为隐喻,[①]甚而根本渗入彼此的内涵:践行孝道既是在肯定自己的血

[①] 颜元善以血脉作为学脉的隐喻,又如其训导信奉各类教门的百姓:"你们听那说久了,迷的深了,如今说是犯王法,你们不解。譬如你们姓张,你们的儿子却说他不是你儿子,'我姓李',你们容他不容他?朝廷以道化天下,我们就是他道中人,你们而今另立门头,说'我别是一教',这便是反了教了,便和你儿子不从你姓从人姓一般,朝廷怎么容的?"(《存人编》,第141页)这当然是因为面对乡愚,难语高深,以儿子改姓作喻,最易竦动乡民,可是这番话也不能不让人想起颜元自己就有这么一段"从人姓"的经历,如是,认祖归宗和回归正道再次重合为一。

脉,也是用实际行动维续儒家的道统,那是一枚硬币的两面,永远无法切割。

在某种意义上,明清中国已经成为一个孝道社会,尤其是在面向基层展开的教化中,几乎所有的价值观都被归结为孝的展开。虽然在实际生活中,无论是士大夫还是老百姓,都还维持着一个更加多元的价值系统,但由忠、孝、节、义构成的日常伦理中,孝无疑居于一个更加基础与核心的位置,忠、节、义皆被视为它的进一步延伸,甚至天人关系也被放入这个框架内来处理(参看第二章)。一个人也许遇不到多少需要尽忠、行义的机会,却很少不需要守孝。孝道要求的极端化很容易带来更大的心理压力,颜元本人就是一个例证,而他又积极推动了这种价值的实践,以之组织他的思想。其学术中的三个要点——推尊躬行践履、强调气质不恶、排斥佛老异端,无一不受其特定的身世体验和人伦困境的影响(这当然不意味着这是唯一的因由)。

颜元的例子也让我们进一步思索思想的多样价值:言前人之所未言,当然是一种贡献;但更常见的情形是,人们运用已有的思想,通过自身的实践和体会,使其焕发出(也许只有对个人才具有的)意义,后者同样是值得史家关注的。颜元应和了他那个时代思想的风向,然而,除了对程朱理学加以革命的言论,在真正的建设性方面,他很难说有什么特别原创性的突破。他所说的，大都是儒家典籍中的常言。即使是他最得意的为气质之性平反的观点，也不是他自己的发明——如果是的话，那也只能说是一种"再发明"（参看第二章）。不过，这只是从单纯的"观念史"角度所做的评价；若回到其自身的经历、体会和感受，那我们就必须承认，这些熟语对颜元来说，实具无法替代的切身性。它们带着他的"体温"，离开他本人，就将丧失活力，而颜元也将沦为他自己所最讨厌的"文人""书生"。①

这样，观念就不仅是社会的，也是私人的。对于大多数人来说，思想的首要价值并不体现为原创性，而在于其是否切己。即使同处一个时代，脉承同一传统，秉持同一取向，每个人的观念也仍属于他自己，与他那特定（虽然未必特殊）的生命经验连在一起。如果我们承认"思想是生活的一种方式"，②就必须重建思想者特定的"生活"本身。也只有这样，那些原创度不高的"老生常谈"，才会呈现出另一种光泽。由一个个具体而特殊的人所散发的光泽，并不耀眼，然而在大多数情形下，这个世界的光明正是由它们组成的。

---

① 他反复批判文人、书生失去了儒家的真精神，乃是乱真的"伪儒"，其危害更甚于"无儒"。如《朱子语类评》，第267页；钟錂（辑）：《言行录》，第674、686页。
② 王汎森：《思想是生活的一种方式——兼论思想史的层次》，收在《思想是生活的一种方式》，第19—52页。

第二章
气质为何不恶:颜元的身体经验与思想构建

很多时候,理性论证是追随情感的脚步到场的。在一个观点被正式表述和证明之前,往往已经以"感受"或"感觉"的方式存在了。作为一个医生,且亲自经历过各种身体不适,颜元体会到了身体的重要性,然后将这些感受投射、扩展到整个气质范畴,得出"气质本善"的结论,并在《存性编》这样的著作中将之进一步理论化。

在由朱熹总结完成的理学思想体系中,理和气是不离不杂的二元一体:从"禀赋"角度看,理不离气,否则即无"挂搭处";若就"本原"说,则理为根本,又在气先。理在气中即是性,是谓"义理之性"(或谓"本然之性""天地之性"等);然而既落在气中,便不能不受气禀拘束,遂有昏明开塞、刚柔强弱之别,是为"气质之性"。本然之性为人所独有,浑然天理,纯善无恶;气质之性则人、物所同具,被视作恶的来源。不过,人虽有智愚不同,却终不碍其本性之善,只要肯"变化气质",即可直追圣贤。

　　明代中叶以后,理在气先的理论框架受到质疑,气质之性愈发为人看重。有学者将这种思想称为"气本论"(或"气学""气的哲学""气一元论""气性论"等),视为和(程朱)理学、(陆王)心学并列的一种思潮。它主要包括三方面内涵:

第一,"气质亦不得谓不是性,气质亦性分中所应有";第二,"义理是气质之本然,而并不是性的另一个部分";第三,"变化气质像将稻子变成麦子一样是不可能的事"。经过这番辨析,气质遂从"消极、负面"与有待"转化、超越"之物,变为"积极、正面"的。①

气质之性和本然之性的区分,在很大程度上是为了解决"恶"的出处问题:如果人是禀天理而生,天理又只是浑然一善,那恶究竟从何而来?便不得不归咎于气的影响,而气质又不能不是第二位的。由此,气质之性的提出,正是为了维护和弥缝孟子以来的性善论;但这一提法又不能不令人想到荀子的性恶主张。钱大昕(1728—1804)就指出,宋儒将义理、气质并列,实际是兼取孟、荀;变化气质云云,更是"暗用荀子化性之说"。② 因此,对气质之性的肯定,必然关系到对人本性善恶的估计。③

对此,气本论者的看法也不一致。他们中多数人仍持性

---

① 这里借用了王汎森的总结,见其《明末清初的一种道德严格主义》,第95—96页。杨儒宾亦有类似概括,并补充"相偶性的伦理"一条。见其《异议的意义——近世东亚的反理学思潮》,第2—3页。
② 钱大昕:《跋荀子》,收在《潜研堂集》,上海:上海古籍出版社,1989年,第476页。事实上,确实有人,比如唐伯元(1540—1597)就据"变化气质"一说,推导出性中有恶的结论。参看邓志峰:《王学与晚明师道复兴运动》(增订本),上海:复旦大学出版社,2020年,第330页。
③ 小野泽精一、福永光司、山井涌(编):《气的思想——中国自然观与人的观念的发展》,李庆译,上海:上海人民出版社,2018年,第346页。

善立场。刘宗周(1578—1645)提出,义理和气质二分,很容易导出性"可以为善,可以为不善"、性"无善无不善"、"有性善有性不善"等危险说法,因此气质之性亦应是善的。其弟子黄宗羲指出,气质之"本然"为善,不善只是"气质杂糅"的结果。不过,亦有思想家持不同意见。比如王廷相(1474—1544)就说:"人物之性无非气质所为",气既有"清浊粹驳"之异,性即有"善恶之杂"。另一位明中期思想家许诰(1471—1534)认为,性只是"浑然在中,未有善恶可分",所谓善恶,只是在"性"发而为"情"后才有;甚至"情"本身亦不可言善恶,只有当其发动而产生"中节"与否的问题时,才有善恶可说。① 这些情况都表明,气质的本原性和气质的善与恶,乃是两个问题,不能混为一谈。②

颜元亦是承此思潮而兴的一位。之前学界总是聚焦于他对实践实行的强调,对他气质论的关注则相对不足。杨儒

---

① 刘宗周、黄宗羲、王廷相语均转引自陈来:《元明理学的"去实体化"转向及其理论后果——重回"哲学史"诠释的一个例子》,收在《从思想世界到历史世界》,北京:北京大学出版社,2016 年,第 313—347 页。许诰的观点,参看马渊昌也:《许诰与明清时期人性论的发展》,收在沟口雄三、小岛毅(主编):《中国的思维世界》,孙歌等译,南京:江苏人民出版社,2006 年,第 194—215 页。

② 有论者提出:"用气为性,气既有清浊,则顺之乃可言性有善有恶。这是气性一路言人性善恶的一般陈述。"(郑宗义:《论儒学中"气性"一路之建立》,收在杨儒宾、祝平次[编]:《儒学的气论与工夫论》,上海:华东师范大学出版社,2008 年,第 177 页)但这只是逻辑上的推论。事实上,作者举出来的实例,在明清时期的思想家中,也就只有一个王廷相。

宾指出:"颜元争气质之性的重点,在于争它是善的。"①的确如此。而我们还须进一步追问,其原因何在?我认为,颜元对气质的理解,似乎深受其个人身体经验的影响,这使他无法接受朱熹对气质的负面品评。休谟(1711—1776)曾说,理性是情感的"奴隶",其职务只是"服务和服从情感"。② 此言乍听似不无偏颇,细想却也有几分道理。很多时候,理性论证的确是追随情感的脚步到场的。在一个观点被正式表述和证明之前,往往已经以"感受"或"感觉"的方式存在了。③颜元的气质论即是一例。

另一方面,已经有越来越多的认知科学、心理学、语言学和哲学研究的成果表明,人的认知具有"具身性"(embodiment),身体的构造、机能极大地影响到我们的认知行为。与此风潮相应,中国人的"身体观"也在最近二十多年中吸引了大量学者关注,其中不乏哲学史和思想史领域的成果。不

---

① 杨儒宾:《儒家身体观》,台北:"中央研究院"中国文哲研究所筹备处,1999年,第395页。
② 大卫·休谟(David Hume):《人性论》,关文运译,北京:商务印书馆,1980年,第453页。近来也有学者强调,休谟此言其实并非主张理性要"臣服于感情"。详见迈克尔·L.弗雷泽(Michael L. Frazer):《同情的启蒙:18世纪与当代的正义和道德情感》,胡靖译,南京:译林出版社,2016年,第46页。
③ 苏珊·詹姆斯(Susan James)指出,17世纪的欧洲哲学认为,"激情既是知识的障碍,又是知识的前提"。今人"一斧头将理智与激情劈开,由此制造了一种关于知识获得过程的滑稽诠释"。参看其《激情与行动:十七世纪哲学中的情感》,管可秾译,北京:商务印书馆,2017年,第25页。

过,这些作品所关心的,多是作为隐喻层面的身体,[1]至于物质形态的肉身如何参与到思想的构建之中,深入的论述不多。本章则希望通过颜元这个例证,具体展示肉身经验是怎样和抽象思考联结到一起的。用认知心理学的术语来说,我主要考察了颜元的"身体意象"(body image),尤其是他对身体的概念认知与情感态度。在正常情形下,"纯粹的身体意象"是很难确知的,只有在病痛中,它才向人提示其真容。[2]幸运的是,颜元就曾有一段相当严重的疾患期,为后世的研究者提供了一窥究竟的机缘。

在展开论述之前需要声明的是,我不是要把颜元的思想化约为他的生活经历,也不是说颜元通过反省,自觉地将其经验提炼成了一种理论阐发(他对此并无自觉),更不是否认前代和同代思想家对他的影响。不过,之前大家对颜元这个"人"关注太少,似乎他只是明代中期以来新思潮的一个"预

---

[1] 笔者目力所及,杨儒宾的《儒家身体观》(1996年初版)是最早系统讨论这一问题的著作。此后比较重要的成果有,黄俊杰:《中国古代思想史中的"身体政治论":特质与涵义》《古代儒家政治论中的"身体隐喻思维"》及《"身体隐喻"与古代儒家的修养工夫》,均收入其《东亚儒学史的新视野》,上海:华东师范大学出版社,2008年,第260—321页;陈立胜:《王阳明"万物一体"论——从"身一体"的立场看》,上海:华东师范大学出版社,2008年;杨儒宾(主编):《中国古代思想中的气论及身体观》,台北:巨流图书公司,2009年;杨儒宾、张再林(编):《中国哲学的身体维度》,台北:台湾大学人文社会高等研究院东亚儒学研究中心,2017年。
[2] 何静:《身体意象与身体图式:具身认知研究》,上海:华东师范大学出版社,2013年,第56页。

流者",研究者的任务就是将其放入气本论的思想系谱中,讨论哪些东西是他对前人的承继,哪些东西是他的创见和发挥,哪些东西又为后人继承和接受。本章最关注的则是他怎样以"自己的方式"来回应和表述这些思潮。思想家各有不同,有些人的思想和生活相距较远,即使是回答自己时代的重大课题,也主要是在纸上推演和建构;有些人的见解则几乎完全浸没在生活之流中,无法剥离。颜元提倡身体力行,更有可能属于哪一类型?答案不言而喻。

在本章中,我首先要简单梳理一下他对气质之性的看法,以及他接受这一学说的过程;接下来试图重建其身体观和一些重要的身体经验,以期从中追溯那些相对抽象的观念怎样从切实的生活场景中破茧而出。

一、颜元论气质之性

颜元是二十一岁才接触理学的,先尊陆、王,继归程、朱,寝馈其中十余年,直到三十四岁,才有意识地反出理学阵营,标出自家宗旨。他的思想系统以工夫论为支点,历来论者皆无异辞,不过,他既立志撼动整个理学传统,便不能不在本体论层面有所建树。因此,在其《四存编》中,居于篇首的是讲本体的《存性编》,而非理应最能反映其独到心得的《存学编》;从写作顺序看,他从程朱理学藩篱中突围而出,也是先写《存性编》,再写《存学编》。可是,颜元的思考次序是否也是从本体论开始,再延伸至工夫层面的?史阙有间,无从臆测。不过,他在写给南方学者陆世仪(号桴亭,1611—1672)的信中,介绍自己的学说,却是先言《存学》,后讲《存性》,似乎多少透露出他思维展开的程序。

根据颜元自己的说法,《存性编》的主要论点是:

> 理、气俱是天道,性、形俱是天命。人之性命、气质虽各有差等,而俱是善;气质正是性命之作用,而不可谓有恶。其所谓恶者,乃由"引、蔽、习、染"四字为之祟也。期使人知为丝毫之恶,皆自玷其光莹之本体;极圣神之善,止自充其固有之形骸。①

是书破题即引用程、朱语录各两条:"程子云:'论性论气,二之则不是。'又曰:'有自幼而善,有自幼而恶,是气禀有然也。'朱子曰:'才有天命,便有气质,不能相离。'而又曰:'既是此理,如何恶?所谓恶者,气也。'"颜元断定,这些话全

---

① 颜元:《上太仓陆桴亭先生书》,第 427 页;又见《存学编》(文字微有不同),第 48—49 页。

是自相抵牾,"一口两舌":理气既是不二,何来善恶之别?"若谓气恶,则理亦恶;若谓理善,则气亦善。盖气即理之气,理即气之理,乌得谓理纯一善而气质偏有恶哉!"理若离气,即成"两间无作用之虚理",在人伦价值的立场上看,将变得毫无意义。故气质不但"非吾性之累害",且是人"存养心性"所必需。事实上,从来源处看,气、性相同,均是受天所命,因此必然都是善非恶,否则,"天命人以性善,又命人以气质恶",岂非多此一举?最后,他也担心,将气质之性与义理之性歧分为二,很容易成为自暴自弃者的借口:"我非乐为恶也,但气质无如何耳。"故以气质为恶,不但无助于人的提升,反将恶的真正来源"置之不问",诬良为盗,"误世"尤多。①

宋儒的气质有恶论罪及情、才。为气质平反,自然须连带肯定情、才的价值。颜元指出,情为性之所"发",才为性之"能发而见于事者"。"非情、才无以见性,非气质无所为情、才,即无所为性。"性、情、才三者,实是"一理而异其名"。性既为善,情、才当然不恶;否定了情与才的价值,亦势必"尽取三才而毁灭之"。在生活中不难看到,"孝子之情浓,忠臣之

---

① 颜元:《存性编》,第 1、3、32、20、12、7、13 页。需要说明的是,二程之间、程朱之间在对"气"的理解上都有若干不同(参看小野泽精一、福永光司、山井涌[编]:《气的思想——中国自然观与人的观念的发展》,第 391—403 页),不过,这种区别对于颜元来说并不重要。本文的目的不是要辨析程朱的"气"论,故亦笼统使用"程朱"这样的说法。

情盛",即使炽烈,又有"何恶"?更何况孟子早就"并才、情皆以为善"呢?①

同理,"物"的意义也不容否定。人与万物,皆为一理所赋,一气所凝,"故吾养吾性之理,尝备万物之理以调剂之;吾养吾形之气,亦尝借万物之气以宣泄之"。圣人发明、教养,其道"必以'事'名",其学"必以'物'名"。举天下之人、政、事,"未有外于物者",如此,方"使生民、天地皆尽其性、践其形"。秦汉以来二千年间,"道法之坏,苍生之厄",皆从对"物"的轻视、歪曲始:"秦人贼物,汉人知物而不格物,宋人不格物而并不知物",乃至"空乎物",每况愈下,去道日远。②

而后人缅想三代气象,亦须借助于物的遗存,因物"移情",由情及道。当年夫子闻韶,虽已去尧、舜之世二千年之

---

① 颜元:《存性编》《四书正误》,分别在第27、22页,第17、237页。颜元自己的表现,确可当得起"孝子之情浓"的评价。不过,他对"情"的肯定,远未到同时代一批文人如汤显祖(1550—1616)所倡导的"情教"的地步,因而也决不能看作情欲的解放,相反,情欲在他那里仍是被打压的对象,如他明言:男子"失身",较之女子,"更宜斥辱"。钟錂(辑):《言行录》,第622页。

② 颜元:《与何茂才千里书》《寄桐城钱先生晓城》《题哀公问》,分别在第457—458、439、555页。虽说如此,颜元却强烈反对将人、物一视同仁。他指出,动植物或肖似于天,或肖似于地,皆是偏而不全,唯有人则无论体、用,皆是天地之"肖子"。故人、物虽是一气所凝,气质却不相同,不但性异,"气亦异"。万物自有差等,佛氏假借慈悲为名,却是"颠倒错乱"了天地秩序(颜元:《人论》《四书正误》,分别在第511—514、236页;钟錂[辑]:《言行录》,第651页)。吕妙芬指出,严分品类,强调人、物各具其性,是"清儒"有关性的看法相对于程朱理学的一个重要差异(不过这个差异是论述侧重点的差异,不是性质的差异)。参看《成圣与家庭人伦:宗教对话脉络下的明清之际儒学》,第312—319页。

久,犹能兴起"身跻虞廷、亲炙舜夔"之感,全靠"音器"的存在。玉帛、钟鼓,当然不等于礼乐本身,但若"仪文、器数尽失",礼乐的实质亦必"随之湮没"。可悲的是,这正是当下实况:琴、瑟这种"古人谓之斯须不去"的器物,"而今之老师宿儒皆不知,甚至终身不见为何物",实在令人扼腕。此"通天之罪",不仅是秦皇焚书所致,汉、宋儒生学术有误,亦须"分受"其责。①

在颜元看来,宋儒"杜撰"气质之恶,实因其不知恶的根源。恶并非如朱熹所言,出自气质造作,而是"引、蔽、习、染"所致。气质本身当然并不完美,多数都有偏杂。然而"偏""杂"皆天之所命,故也都不是"恶"。这就好比"生物之本色":"五色兼全,且均匀而有条理者,固本色也;独黄独白,非本色乎?即色有错杂,独非本色乎?"惟有"灰尘、污泥、熏渍、点染"才可说非"本色"罢了。当然,一个人"本色气质偏驳",的确"易于引蔽习染",可是由此指责"气禀"为恶,便如指控刀具为杀人凶手一样荒唐。进言之,若"偏不引蔽",则"偏亦善也,未可以引蔽之偏诬偏也"。同理,"性之已发"虽有"中节"与否之分,却也都是善的;即使退上一步,"以不中节为非亦可,但以为恶妄则不可"。② 总言,"偏""杂"与"恶"有着本

---

① 颜元:《与易州李孝廉介石》《四书正误》,分别在第 438、193 页。
② 颜元:《存性编》,第 8、10、11、6、31、19、5 页。

质区别,不可混一。

颜元认为,宋儒厚诬气质,是受到释氏迷惑的结果。佛教把眼、耳、鼻、舌、身、意看作"六贼",与朱子以气质为恶,正是殊途同归。以眼目来说,眼眶、眼胞、眼睛为"气质","其中光明能见物者"为眼目之"性"。眶、胞、睛与"光明之理"一样,皆系"天命",不可分为"天命之性"和"气质之性",更不能说"光明之理专视正色,眶、胞、睛乃视邪色"。有"光明能视"之性,"即目之性善,其视之也则情之善,其视之详略远近则才之强弱"。看得真,望得远,固然是善;目光模糊、近视,亦只是"善不精耳",却并不就是"恶"。只有当眼目"由邪色引动,障蔽其明",而"有淫视",才可说有了"恶"的产生。可是,究竟是谁引发了眼目之动? 若将之归咎于气质的责任,"是必无此目而后可全目之性矣,非释氏之六贼说而何!"[①]不难看出,颜元竭力论证恶为外来,就是要更加严密地维护其性

---

① 颜元:《存性编》,第8、1页。按,此处实是以作用为性(类似的表述又如:"'天命之谓性。'视者目之性,听者耳之性,仁义礼智者心之性。")其实,按照朱熹的观点,"光明能见物者"只是"作用",以"作用"为"性",才真是佛氏之论:"僧问佛:'如何是性?'曰:'耳能闻,目能见。'他便把这个作性。不知这个禽兽皆知。人之所以异者,以其有仁义礼智,若为子而孝,为弟而悌,禽兽岂能为之哉!"以上,钟錂:《辟异录》,第607页;黎靖德(编):《朱子语类》,北京:中华书局,1986年,第1347页。

善论的立场。①

气质既然不恶,"变化气质"也就无从说起。颜元在晚年的一次谈话中,直斥"变化气质"的说法是对人性的戕害。他强调,人的"质性"虽各有不同,却都是天之所赋,"无论清、厚、浊、薄,半清、半厚,皆扩而充之,以尽吾本有之性,尽吾气质之能,则圣贤矣",其道皆"尧舜之道",其学皆"孔子之学",不必非要"变化其本然"。变化气质,如同"使包孝肃(包拯,999—1062)必变而为庞德公(生卒年不详,汉末三国人),庞德公必变而为包孝肃",不但"必不可得","亦徒失其为包、为庞而已矣"。每个人只须就自己性情所近处努力,成为更好的自己,就是成功。而且不仅性情如此,才性亦然。三代圣人及孔门弟子各有擅长,虽仅一技一艺,却使"苍生被泽",这才是颜元心中的"真儒之学"。②

需要注意的是,这套观点是颜元三十四岁学变之后的立场。在此之前,作为程朱学说的虔敬信徒,他对"变化气质"存有高度认可。他二十七岁写信给刁包,一再说自己"质赋狂躁,气概浮薄",绝不能仅仅看作谦辞,而是他真心信仰的流露。钱穆注意到,与习斋同时而年长的北学前辈,如王余

---

① 或可与之做一比较的是,同样反对"变化气质"的明儒罗汝芳(1515—1588),则以为恶非外来,而是"心之不觉"所致。参看邓志峰:《王学与晚明师道复兴运动》(增订本),第 412 页。
② 钟錂(辑):《言行录》,第 664 页;颜元:《寄关中李复元处士》《四书正误》《寄桐城钱先生晓城》,分别在第 434、230—231、441 页。

佑、李明性等,都曾对他"持论高亢""意度激昂"表露过微词,但颜元依然故我(不过后来仍有相当的变化,参看第三章)。这不是因为他对此不够虔心,而是因其个性极强,在努力"变化气质"的过程中,连遭困扰,使其感觉此事"甚难",甚至危害及他的身心健康。① 直到他发现了对气质的新看法,才欣喜地认识到,"我"和圣贤并不相互矛盾,相反,圣贤是由"我"做成的。成为圣贤,根本不必变成另一个人,更不是要人"憎其所本有",②反而是要建立在对自身气质的肯定和成就的基础上。

因此,要深入理解颜元在气质问题上的见解,我们必须回溯其学术思想转变的过程。

二、颜元对气本论的接受

颜元生活的时代,有关气质的新看法早已在一部分读书人中流行起来,而青年颜元身居僻乡,见闻不广,对此新说一

---

① 颜元:《寄祁阳刁文孝》,第 430 页;钱穆:《中国近三百年学术史》,第 200—203 页;李塨:《颜谱》,第 722 页。
② 颜元:《存性编》,第 7 页。如《导言》所述,颜元十五六岁时,因有"比匪之伤",一度"习染轻薄"。他后来走上正道,对此颇为悔恨。直到三十二岁时,王法乾弟顺乾与之不睦,颜元还猜测,"必有以仆粗浮之态,幼时之恶,为足下言者,以至积轻至此"。因此,他强调"恶"由外来,非"我"本有,似亦具有自我净化的意味。以上,李塨:《颜谱》,第 710 页;颜元:《与王顺乾书》,第 450 页。

无所知。照他自己说,在这方面最早给他提示的,是同乡前辈张石卿。在颜氏三十一岁那年年底,张石卿告诉他:"性即气质之性,更无二性,有尧、舜气质即有尧、舜之性,有呆獃气质,即有呆獃之性,而究不可谓性恶。"又云:"性皆善,而有偏全厚薄不同,故曰'相近'。义理即寓于气质,不可从宋儒分为二。"其时尚固执朱子旧说的颜元乍闻新论,当然不肯接受,与之"反覆辩难",而终"未能有得"。①

虽然如此,但此说其实已在其心中布下种子,潜滋暗长。其《年谱》三十三岁最末一条云:"辩性善、理气一致。宋儒之论,不及孟子。"②虽只有寥寥数字,却透露出一个重要信息:

---

① 颜元:《祭石卿张先生文》《存性编》,分别在第534—535页,第2—3、34页;李塨:《颜谱》,第723页。习斋似乎还从其他渠道听闻气质不恶说。他三十八岁致信陆世仪,说曾在刁包处,见其出示"南方诸儒手书,有云:'此间有陆桴亭者,才为有用之才,学为有用之学,但把气质许多驳恶杂入天命,说一般是善,其《性善图说》中,有"人之性善正在气质,气质之外无性"等语,殊似新奇骇人!'乃知先生不惟得孔、孟宗,兼悟孔、孟性旨,已先得我心矣"。按,刁氏殁于戊申年,正值颜元为其恩祖母守丧之时;次年己酉三月,颜氏才赶赴祁州哭之,则在其学变开始后,习斋并无面见刁包的可能,其听闻陆说,必在戊申以前。而那时的颜元自己尚未"悟孔、孟性旨",必不会有"先得我心"之感,其上陆书所言,绝系倒填日月。实情应和初闻张石卿语的反应一样,并不赞同,却留下了深刻印象。事实上,颜元是在六十五岁时才读到陆世仪《思辨录》的,此前只可说是耳闻。又,此信颜集系于甲寅(即颜元四十岁时),此处据赵卫邦(1908—1986)的考证,订为壬子,即其三十八岁时。以上,颜元:《上陆桴亭先生书》,第428页;李塨:《颜谱》,第727、786页;赵卫邦:《颜习斋著述编年》,《图书季刊》新4卷第1、2期合刊,1943年6月,第73页。
② 李塨:《颜谱》,第725页。

此时颜元的思考已经在朝着张石卿提示的方向走了。①

当然,更重要的契机还是要等到三十四岁。在为养祖母治丧期间,颜元行事一遵《朱子家礼》,"尺寸不敢违",即使感到"拂戾性情",亦以"圣人定礼如此",而不敢怀疑,几至不支。直到旁人告诉他身世原委,才最终促成他"丧中悟性"。② 我在第一章中试图表明,身世真相的披露如何给他提供了一个机会,使其突破心理上的强力约束,将存蓄已久的对程朱理学的隐约疑虑系统而清晰地表达出来。它乍看是一次突变,实际在心中早有伏笔,只是颜元当时亦未能自觉而已。不过,这还不足以回答,到底是哪些因素刺激他追踪到"气质之性"这个相对抽象的层面上去。要明白这一点,就必须重建其居丧经验。

在颜元后来对此所做的诸多描述中,有两件事给人留下深刻印象,一件是其身世的揭晓,另一件就是他身体遭受的疾痛。据年谱,二月十四日,朱媪病逝,颜元决定代父"承重":

> 三日不食,朝夕奠,午上食,必哭尽哀,余哭无时。不从俗用鼓吹。恸甚,鼻血与泪俱下……四日敛,入棺,

---

① 但颜元并没有全盘接受张石卿的看法,比如张氏说"傻人决不能为尧、舜"(颜元:《存性编》,第3页),就是他不能可认的。
② 颜元:《存性编》,第34页。

易古礼"朝一溢米、夕一溢米"为三日一溢米……四月六日,修倚庐于殡官外、大门内,寝苫,枕块。三月,昼夜不脱衰绖。思"齐衰不以边坐",日近过矣,自此疲甚,宁卧,坐勿偏。五月十五日,行卒哭礼。已后惟朝夕哭,其间哀至,不哭而泣。寝地伤湿,四肢生小疡,朱翁命造地炕。六月三日夜,始解衰绖、素冠,著常衣寝。七月病。①

四个月的苦行给颜元的身体造成了严重损伤,使其大病一场。然而这也是求仁得仁。他曾表示:"草木根伤,即不死,必枝叶萎矣,久之而复苏;亲卒而人子不癯,草木之不如矣,仁也乎哉!"②当然,他也绝非对身体的不适毫不在意。相反,正是这种来自身体的痛苦,使他对《家礼》以致整个程朱理学产生怀疑,返回对儒家经典的研读,并得出宋儒违逆圣人之道的结论。

这一时期颜元研习古礼的成果,集中体现为《居恩祖妣丧读礼救过》一文。其中讨论了与丧礼有关的四个细节:一是哭祭场所,二是坐卧姿态,三是倚庐装饰,四是服饰穿着。除了第一个问题,其他三条都集中在身体上。比如第二条,颜元回忆自己自"遭故后,体弱甚,不能自持",却坚持坐而不

---

① 李塨:《颜谱》,第725页。
② 颜元:《居忧愚见》,第573页。

卧。后读《礼记·檀弓》篇,至"齐衰不以边坐,大功不以服勤"一句,乃定"今后倦甚宁卧,坐必正"。第三条讨论守丧期间的临时居所是否需要粉刷。他以为"涂则近饰,否则患虫害",难以决断,后自《礼记·丧服大记》中找到答案。第四条关注的是,居丧期间能否着袜?他为此专门请教过张石卿、刁包和王法乾,三人皆不能答。颜元通过读书发现,"古人随凶服,亦备四时之服,且通身之服无不备",决意服袜。①

饮食也是困扰颜元的一个大问题。他自言守丧初期遵照《家礼》规定,早晚食粥,各"一溢米"。然而他认为古人一溢为"二十两",份量过大,"一食不能尽溢",即"两日亦不胜此";且过了饭时既"不敢食",正当饭时,悲从中来,又"不能食",以致脾胃大损,"而病弱不支"。他不敢怀疑《家礼》的规定,而以为是"古人身大食多",所谓"日二溢",只是"言极少也",遂秉此原则,改为"三日一溢米"。及至丧后,再读《礼记·丧大记》,发现原文在"朝一溢米,莫(通"暮"。引者注)一溢米"后有"食之无算"四字,"以至'蔬食、水饮',皆云'食之无算'",意思是"欲食则食,或为人劝则食,但朝莫不过二溢米耳"。《家礼》删去"食之无算"一句,遂令他大吃苦头。

---

① 颜元:《居恩祖妣丧读礼教过》,第567—568页。他就着袜一事请教王法乾、刁包,分见颜元《寄法乾王子》《却祁阳刁先生请》,第594、595页。

他为此慨叹:"删书定礼,诚非圣人不能,非圣人亦不可也。"①

正是这些遭遇使得朱子的威信在颜元那里被剥夺净尽,促使他抛开理学中介,直接回到原典。② 不过,这虽可解释他对"乡三物"的热衷,却不能说明他何以在"气质"上大做文章:这一概念本非周孔旧说,从恢复儒教本旨的立场看,只需弃之不用即可。③ 但颜元试图在理学旧有的概念框架内,证明朱熹对气质之性的见解是错误的,可知其无形中浸润理学之深,以及"气质"这一概念对于他的重要性。

我们今天所能掌握的颜元治丧时期的事件,几乎全部来自他事后的回忆,无可避免地经过了他有意无意的挑选和加工,所留下来的应是其印象最深刻的片段。习斋自己多次向人提起这段经历,全是为了解释其学术转变的缘由,以将自

---

① 李塨:《颜谱》,第759页;颜元:《寄法乾王子》《居忧愚见》,第594、574页。
② 张循已考证,各种版本的《家礼》皆无"朝一溢米,莫一溢米"的话,颜元的进食问题全是其自己读《礼》不细所致。然则其不自觉中将此乌有之罪归于朱子,只能表明他对宋儒之不满蓄积已久(《"颜元"的诞生——清初学者颜元思想激变过程的重建与诠释》,第117—119页)。故习斋所"遭遇"者,实是其下意识中定见的投射。
③ 周启荣已注意到,颜元居丧苦行对他思想转变的刺激:"苦思之后他终于醒悟了,由于理学家们认为人的个性有二元属性,因此这套礼教可以完全不顾人为了维持生存所应满足的最起码的饮食需求。"(《清代儒家礼教主义的兴起——以伦理道德、儒学经典和宗族为切入点的考察》,第113页)但因其未把身体当作一个值得仔细考量的要素,故未进一步申述,为何"维持生存"在颜元思想里具有如此的重要性,以及这和其气质学说的关系。

己对宋儒的否定合理化(参看第一章)。对于颜元来说,这些事件无疑具有"自传"的意义。通过讲述这些故事,他得以重新审视自己的生活经验,赋予其生命历程以一个更具整合性的意义。显然,这就意味着,他不只是在讲一桩故事,也是在借此说事。用查尔斯·蒂利的话说,"讲故事"是他的一种论证手法。这一手法和《存性编》所使用的理论论证(也就是蒂利所说的"专业表述")方法,服务于同一目标。① 这意味着我们可以将它们看作两条平行而等值的线索,通过对这两条线索进行修辞分析和相互比对,深化对其中意涵的解读。

在"讲故事"这条线索中,作为主要论据的是那些令颜元痛苦的遭遇,而它们几乎全部集中在身体方面;它和"专业表述"中针对气质之性所做的正面阐发,无论是在功能上,还是(作为一种论证部件)在各自论证结构中所处的地位上,都是对等的。这提示出,颜元对"气质"的理解,在很大程度上是透过对自己身体经验的援引来进行的。肉身为理论提供了思路展开的蓝图。

---

① 查尔斯·蒂利:《为什么?》,李钧鹏译,北京:北京时代华文书局,2016 年。"建构叙事"有助于人们"说明为什么事情会朝着某个方向发展"——不是为了说明"机械的因果关系,而是道德、社会、情感上的必要性"。详论参考艾沃·古德森(Ivor Goodson)、格特·比斯塔(Gert Biesta)、迈克尔·特德(Michael Tedder)、诺尔玛·阿代尔(Norma Adair):《叙事学习》,方玺译,北京:北京师范大学出版社,2019 年,第 14 页。

在理学术语体系中,身体确实属于"气"的范畴,但气的外延却广阔许多,指涉了整个世界的物质性构成(甚至超越了物质范畴)。因此,我们可以说身是气,却不能说气即是身。然而,《存性编》末《附录同人语》,赫然收录王余佑的一句话:"气质即是这身子。不成孩提之童性善,身子偏有不善?"①似乎直接在气质与身体之间划了等号。我在现存王余佑《五公山人集》中没有找到相关文字,无法判断这是不是原话,又是在什么语境下的表达,但《附录同人语》仅收张石卿、王余佑两人的五条语录,可见颜元的推崇,可以视为代表了颜氏本人的意思。事实上,由于颜元关注的主要都是些人伦话题,故在其论述中,"气质"和"人体"的确大都是可以互换的词汇。

不过,这句话中的"即是"二字,明显用于一个指示性的语境中,并非"同一"之谓也。也就是说,它更多提示出颜元理解气质概念的出发点,而非为之下定义。认知语言学的原型理论认为,每一概念范畴中,都有一些"原型"成员。它们被认为最能代表这一概念的本义,最具典型性,居住在概念的中心地带;其他成员则根据各自偏离原型的程度,逐渐向边缘地区分布。至于一个范畴的原型成员有哪些,则随社会

---

① 颜元:《存性编》,第34页。

文化而改变。比如美国人说到"鸟",首先想到的是知更鸟,但在其他地区就未必。我要补充的是,即使处于同一社会文化体系,不同思想流派甚至不同个人,对同一概念的认知也可能存在类似差异。此外,中国的认知传统又常常采用譬喻和类推方式,遂使原型成员成为一种原型譬喻和类推的起点。[1] 对颜元来说,身体就是气质的"原型"(这当然不是说,他所谓"气质"就只是身体)。他对身体的认知和经验,为他构筑自己的气质理论提供了一份施工设计图。

三、成圣之具

身体在颜元的思想体系中占据了非常关键的位置。根据他的判教标准,儒教和"异端"分叉的起点,就体现在身体观上:佛、老将"一身之耳、目、口、鼻、四肢、百骸皆视为累碍赘余",更不要说"日月、星辰、山川、草木、鸟兽、虫鱼"了;对"天地万物"的否定,从否定身体开始。佛教"轻视"肉身,"将自己耳目口鼻都看作贼",尤使其愤愤不平。因为这就意味

---

[1] 乔治·莱考夫(George Lakoff)、马克·约翰逊(Mark Johnson):《我们赖以生存的隐喻》,何文忠译,杭州:浙江大学出版社,2015年,第114—115页;郑毓瑜:《引譬连类:文学研究的关键词》,北京:生活·读书·新知三联书店,2017年。

着,一个人"直是死灭了,方不受这形体累碍";只有"割截其耳目,窒塞其口鼻,然后可以除贼"。他揶揄道,佛教空诸万有,要人"阖眼内顾,存养一点性灵",好比"瞽目人坐暗室,耳目不接天下之声色,身心不接天下之人事",却以为自己"方寸率思无所不妙",岂非诞妄!重要的是,这种"重心轻身""重性轻形""喜静恶动"的思想倾向混进儒门,以致儒者皆"以性命为精,形体为累",甚至"以有恶加之气质",而恬然不以为非,尤令颜元无法忍受。①

在颜元看来,身体具有极为正面的意义。在《存性编》中,他对元儒"气质浊恶,污吾性,坏吾性"的观点展开了批判:

> 耳目、口鼻、手足、五脏、六腑、筋骨、血肉、毛发俱秀且备者,人之质也,虽蠢,犹异于物也;呼吸充周荣润,运用乎五官百骸粹且灵者,人之气也,虽蠢,犹异于物也。故曰"人为万物之灵",故曰"人皆可以为尧、舜"。其灵且能为者,即气质也。非气质无以为性,非气质无以见性也。今乃以本来之气质而恶之,其势不并本来之性而恶之不已也。以作圣之气质而视为污性、坏性、害性之

---

① 颜元:《上太仓陆桴亭书》《存人编》《四书正误》《存性编》,分别在第 426 页,第 127—128 页,第 162 页,第 22、13 页;钟錂:《辟异录》,第 613 页。

物,明是禅家六贼之说,其势不混儒、释而一之不已也。①

我们又一次看到,人体和气质在某种程度上被等同起来。至少,对颜元来说,身体之"灵且能为",已经足以证明气质之善,无需再做更多说明。

这段话中有两个议题值得进一步申论。首先是颜元强调性对气的依赖,以及由此而来的性与气的同一。他批评程子将性界定在人生以前,似乎一旦"落"于人身,"便不是性耳"。然而,从文字学的角度看,"性"字从"生"从"心",可知"有生方有性",性"正指人生以后而言"。"若'人生而静'以上,则天道矣,何以谓之性哉?"三代圣人说性,皆是"合身言之"。周、孔之后,此义丧失,除了孟子,无人见及。颜元对《孟子·尽心》篇所言"形色,天性也,惟圣人然后可以践形"一句,推崇备至,反复征引。他强调,孟子所谓"形(色)",也就是"气质"。"形色,天性也",即是说气质与天性本来"为一",不可区而为二。离开肉身,天性无所"附丽",无处"作用",所谓"性功"亦无可"著手":"如敬之功,非手何以做出恭?孝之功,非面何以做愉色婉容?"故"尽性"当从"践形"来:"失性者据形求之,尽性者于形尽之",若"贼其形则贼其

---

① 颜元:《存性编》,第15页。

性矣"。这也是他在另一处所说的：只有"践形而尽性"，方能"存性于身"。① 身体是性之为性的可能，若连肉身也无，将无性可寻，更说不上"尽"了。

其次是颜元使用了"作圣之气质"这样的话来肯定身体的作用，而与之相同或相类的表述，在其笔下屡见不鲜，如"作圣之具""可为圣人之身""天生一副作圣全体"等，皆无一例外地将身体视为"成圣"的前提与基础。对颜元来说，身体由天赋予人，这一来源本身就保证了其善性。他曾对王法乾说："天生我此身，置在群生中，果较之亦庸众，可也；若独出众也，而不为持世之人，是天生我以君子之身，而自旷之矣，是为负天。"不用说，他是自居为后者的——直到晚年，他仍以"天生之身"，不敢"偷安自私"自期。②

颜元对王法乾所说，似乎将身体分作了"庸众之身"和"君子之身"。而王法乾也有类似的评论："有气数之天，有圣人之天。气数之天，待补救于圣人之天；圣人之天，却有时随气、数之天，有时不随气、数之天。"虽有人、天之异，意思并无不同。在另一处，颜元又提出：孔子本是"道统之身，非但气

---

① 颜元：《存性编》《四书正误》《存人编》《存学编》《未坠集序》，分别在第5—6、3页，第245页，第127—128页，第84页，第398页；钟錂（辑）：《言行录》，第663页。李塨也强调，是否践形，是"圣学""俗学"之所由分。若只知读书、静坐，"形既不践，性何由全？"冯辰等：《李谱》，收在《李塨集》，第1811页。
② 颜元：《存性编》《存学编》，分别在第3页，第29、46页；钟錂（辑）：《言行录》，第629页；李塨：《颜谱》，第768页。

血之身"。所谓"道统之身",就是要"有为",不肯放弃。① 此处"道统之身"和"气血之身"的区分也饶有深意,而且前者比"君子之身",在语义上下得更重。

不过,这并未使"天生之身"沦为少数精英独享的特权(参看第三章)。颜元强调,万物皆天地所生,天地乃"万物之大父母"。人为万物之灵秀,也因此有更多职责:"独贵于万物而得全于天地,则无亏欠于天地,是谓天地之肖子;独灵于万物而为秀于天地,则有功劳于天地,是谓天地之孝子。"人与天地相"肖"处,即是"人之全体";人之"孝"于天地处,即是其"大用"。若"一体不全则为不肖,一用不大则为不孝。是故人而无目,犹天地无日月也;人而伤手足,犹山崩岳陷也,是谓天地残患之子"。体、用是理学思想中一对涵义极丰富的概念,颜元则将其还原为具体的身体器官,使得人体的机能变成了攸关天地能否顺利运转的按键:"吾身之百体,吾性之作用也,一体不灵则一用不具";一用不具,也就性无所施,落为虚空。② 体、用、性等概念的肉身化,凸显出"天生之身"

---

① 钟錂(辑):《言行录》,第 680 页;颜元:《四书正误》,第 192 页。
② 颜元:《人论》《存人编》,分别在第 511、129 页。然而,颜元并没有更多地发挥这个命题。与这个命题相关的讨论,更多地体现在程颢(1032—1085)、王阳明、刘宗周这一路思想中(陈立胜:《"恻隐之心"与"疼痛镜像神经元"——对以"识痛痒"论仁思想一系的现代解释》,收在杨儒宾、张再林(编):《中国哲学研究的身体维度》,第 323—347 页)。颜元的关注点在仪礼规范,而不是共感同情方面。

的普遍性维度。"成圣"成为每个人都应负担的责任,"人不能作圣,皆负此形也"。①

身体不但为"成圣"提供了基础和可能,也是具体工夫措手的对象。颜元屡次称引子贡的话:"文武之道未坠于地,在人。"(《论语·子张》)他感慨孔子当年设教,完全是以身作则:"以身教即门","以身示天下","以身范万世"。孔子托"道"于"文",实是"大不得已",绝非本意。然而自两汉以来,学者都背离了"夫子为学为教之身",而去"学其大不得已"处,以致"实学不至,徒长浮文"。本应存于"人身"之道,如今却只存在于纸面,"道真'坠于地'矣"。他强调:"夫子之道在夫子之身",学者要学道,须从"夫子之身"学起。"取纸上之文,措之吾人身上,虽小亦道也。"②

"身"是颜元著述中最关键的几个字眼之一,几乎俯拾即是。他在给陆世仪的信中称,自己写《存学编》,意在申明,尧、舜、周、孔之道,"不在《诗》《书》章句",学者应"如孔门博文约礼,身实学之,身实习之,终身不懈"。③ 不避辞费,连用三个"身"字。"身"是儒家思想传统中的一个常用字,其用法可分为两种:一是字面义,指的就是实实在在的血肉之躯;一

---

① 颜元:《存性编》,第3页。
② 颜元:《未坠集序》《季秋祭孔子文》《四书正误》,分别在第398、522—523、228页。
③ 颜元:《上太仓陆桴亭书》,第427页。

是延伸义,有"亲身""切实"等意味。① 在多数情况下,儒学文献使用的"身"字,大都侧重其延伸义。颜元的著述亦包含这两种用法,不过,其中使用字面义的例子,却远超一般作者;而有些情形下,他似乎又在同时使用这两种不同的涵义。比如,致陆世仪书中那前两个"身"字,用在"实学""实习"之前,当然是强化"实"字的语义,但同时也指示"学"与"习"都要由"身子"来承担的。②

除了反对理学家倡导的读书、静坐之外,颜元本人在工夫论上并未提出全新的方案。他着力提倡的一些方法,如"九容"等,是整个儒学传统的共享财产;他终生坚持"习礼",是其矫出同侪处,但亦未完全超出传统儒学范围。不过,他关注的内容都集中于身体上:"九容"自不待言,"习礼"亦是

---

① 今日学界对"身体"的讨论,往往采用另一种区分方法,一面是"自然身体",一面是各种譬喻性"身体",如"伦理身体""政治身体"等。比如恩内斯特·康托洛维茨(Ernst Kantorowicz)的那部经典著作《国王的两个身体》(徐震宇译,上海:华东师范大学出版社,2018),就是一个典型。本文因论题所限,不采用这一视角。如果要做一比对的话,则本所区分的这两种"身"的概念,都在"自然身体"的范畴内,但也都具有"伦理身体"的意义。

② 颜元言"习礼于身",而日本学者荻生徂徕(1666—1728)解释"克己复礼"时说,要"纳身于礼"。这两句话的大意相同,但颜元的重点更偏向于"身",荻生的重点更偏向于"礼"。明乎此,颜元六十二岁时的一句感悟也就不难理解了:"思'非礼勿视'四句,向二字一读,谓不视邪色云云,非孔子复礼意也。当四字一气读,重在一'礼'字,谓视听言动必于礼也。"这意味着颜元的思想重心在晚年略有调整。值得注意的是,这和荻生徂徕一样,也是在"克己复礼"的语脉下感悟。以上,钟錂(辑):《言行录》,第673页;杨儒宾:《异议的意义——近世东亚的反理学思潮》,第385页;李塨:《颜谱》,第779页。

要"周旋跪拜,以养身心"。他把"敬身"看作为学之首务,要求非常细密:即使在"衾褥之内",亦不可"慢"其"四肢";"冠不正,衣不舒,室不洁,物器不精肃"等,皆被视为"不恭"的表现。① 其卒后李塨所作祝文,为读者描绘了一幅详密的习斋守礼图:"日五漏起,坐必直首端身,两足分踏地,不逾五寸,立不跛,股不摇移。行折必中矩,周旋必中规。盛暑,终身未尝去衣冠……屋漏独居,身未尝倾敧。"②

这里必然涉及的一个问题是,身心之间的关系如何。一般认为,在理学系统中,身和心皆属于气的范畴。③ 因此,重视身体并不意味着对心的轻视。事实上,儒家一向强调身心不可分,同属修养的范围。在颜元同时代的思想家中,如李颙就说过:"'九容'以修其外,'九思'以修其内,内外交修,身斯修矣。"王法乾每日自省,既有对口、耳、目、足、体的检讨,

---

① 李塨:《颜谱》,第 739 页;钟錂(辑):《言行录》,第 624、673、663、629、639 页。《朱子语类》中有一条:"神宗尝问明道(程颢。引者注)云:'王安石(1021—1086)是圣人否?'明道曰:'"公孙硕肤,赤舄几几",圣人气象如此。王安石一身尚不能治,何圣人为?'"颜元的评论针锋相对:"观神宗一问,明道一对,吾许公为三代后第一人,殆不误矣。"(颜元:《朱子语类评》,第 312 页。)王安石以不修边幅著称,确是"一身不能治"。但颜元对其看重事功的立场素来敬佩,观感自然不同。这和他提倡的"敬身"说不无矛盾,不过,看他对"明道一对"的批评,可知他对宋儒的不满,丛集于后者喜从宽缓之处设想"圣人气象"这方面。
② 李塨:《颜谱》,第 794 页。
③ 在程朱理学中,心是否属气,亦有不同看法。参看吴震:《"心是做工夫处"——关于朱子"心论"的几个问题》,收在《朱子思想再读》,北京:生活·读书·新知三联书店,2018 年,第 102 页。

亦有对心的追察。不过,无论是程朱学派还是陆王学派,都强调"心"才是根本,主张以心范身。颜元十六岁时参加县试,亦曾畅言"心主静正,则淫邪惰肆不侵,而四体自康和",深获试官激赏。①

但这对转为气本论者之后的颜元来说,已是极不相宜的言论。他一面强调,儒道乃"合身心事物而一之之道",而身与心,以及修身与正心的工夫也是一体的,无法分离:"汝欲孝斯孝至矣,汝欲弟斯弟至矣,是心乎,身乎?"另一方面,他又认为后世儒者已被佛教误导,不但将之"别而为二",而且"重心轻身"。为此,他刻意强化了"身"的分量,提出:"治耳目即治心思也。"有人问什么是"慢",他答道:"怠也。如汝头容不直,足容不重,便是慢。"所谓"慢",本是一种道德性的情感状态,颜元却将之描述为身体姿态问题。事实上,他根本认为,人心本来轻浮,必有寄托,方不"妄动"。释子"寂室静坐,绝事离群,以求治心",亦须"置数珠以寄念",即是明证。比起他们,儒者"时习力行",才是"治心"的最好方式。他将身心关系颠倒过来,从以心范身转向以身制心:"习礼,习乐,习射,习书、数,非礼勿视、听、言、动,皆以气质用力,即此为

---

① 李颙:《四书反身录》,第 409 页;颜元:《白扇箴》,第 593 页;李塨:《颜谱》,第 710 页。

存心,即此为养性。"①仿佛"心"被完全化约为"身"的一部分,不再需要单独的对治工夫一样。

身重心轻的倾向在颜元对待静坐的态度上突出地表现出来。在理学传统中,"默坐澄心,体认天理"是最重要的修行工夫之一,但颜元认为,靠此得到的感悟乃"是镜花水月,只可虚中玩弄光景",做不得实。他并不完全否认静坐的益处,认为若"不失周孔六艺之学",在"无事时"练练也"无妨"。实际上,他自己就发明有一项"端坐"工夫:"正冠整衣,挺身平肱,手交当心,头必直,神必悚",以便"扶起本心之天理"。钱穆认为,这与静坐并无根本不同,是很有道理的评论。②不过,我们也有必要了解一下当事人做何感想。改"静"为"端",首先是因为他提倡"动"的人生观(详见下文);此外,亦和他对"九容"的重视有关。③ 他曾向人解释"习恭"和静坐的区别:"静坐是身心俱不动之谓,空之别名也;习恭是吾儒

---

① 颜元:《阅张氏王学质疑评》《四书正误》《存性编》,分别在第 490 页,第 195、162、238 页,第 13 页;钟錂(辑):《言行录》,第 689、646 页。
② 颜元:《存学编》,第 97 页;钟錂(辑):《言行录》,第 635 页;钱穆:《中国近三百年学术史》,第 217 页。杨儒宾曾言,颜元和伊藤仁斋(1627—1705)等曾依朱子之法静坐,"结果反而引来身心失宁的严重病情"(杨儒宾:《主敬与主静》,收在杨儒宾、马渊昌也、艾皓德[编]:《东亚的静坐传统》,台北:台湾大学出版中心,2012 年,第 135 页注释 12)。伊藤或然(见下文),而颜元文献中于此似并无直接证据,不知作者何所据而云然。
③ "九容"中有"目容端"一项,虽不是讲"坐",但亦不能排除其间可能的关联。

整修九容工夫。愧不能如尧之允,舜之温,孔之安,故习之。习恭与静坐,天渊之分也。"①这里对"习恭"的解释,大概也适合他说的"端坐"。

对颜元来说,身体的参与是任何一项儒家修养工夫必不可少的成分。有次李塨对他说:"近日此心提起时,万虑皆忘,只是一团生理。"问他这是否"存养"之效。颜元的回复毫不客气:"观子九容之功不肃,此禅也;数百年理学之所以自欺也,非存养也。"存心养性,必须"身心一齐提起",只在心上运作,忽视了身体控制,实是"以释氏之照彻万象,混吾儒之万物一体"。② 对身体是否看重,再一次成了他区分儒、释的尺度。

颜元刻意突显身体的重要,以致他虽在理论上肯定"身心一齐提起",实践中却走向了另一偏向。在其六十五岁那年,李塨纠弹他"束身以敛心功多,养心以范身功少",希望他晚年多在养心方面着力。他自己也颇表认同。③

---

① 钟錂(辑):《言行录》,第665—666页。
② 李塨:《颜谱》,第764页;又见冯辰等:《李谱》,收在《李塨集》,第1755页。
③ 李塨:《颜谱》,第785页;又见冯辰等:《李谱》,收在《李塨集》,第1775页。习斋当世学者对颜学多有类似印象。毛奇龄(1623—1716)就曾对李塨说:"颜习斋好言经济,恐于存养有缺。存心养性之功不可废也。"李虽当场为习斋辩护,谓其"存养欲内外并进,非惺惺恁地之说耳",但其纠弹习斋即在此后,可知他实际对毛说不无认同。事实上,在对身心关系的认识上,颜、李颇有不同。李塨注意到,首先,身心并不总是"相应",存在"心敬而身失矩,身不失

最后,身体也是一个人德行的展示平台。颜元在这方面的思考,还是得力于孟子的启发:"君子所性,仁义礼智根于心。其生色也,睟然见于面,盎于背,施于四体,四体不言而喻。"(《孟子·尽心上》)颜元视此境界为"养性"的成效,极为向往,曾表扬王法乾"功程"细密,"几有粹(当作"睟"。引者注)面、盎背之验"。睟面盎背本是儒者人人称引的老生常谈,颜元于此却似有一段特殊感悟。他说自己幼时不懂何谓"盎于背",直到有次在路上看到前面有人骑驴。"吾背后望之,殊异于人,遍思近地,莫揣其谁也"。紧追上前,才发现是友人张文升(生卒年不详),不由感慨道:"一才子盎背如此,况圣贤乎?"①

矩而心放"的情形,故应将"正心"与"修身"分为"二事"。其次,相对于"身","心"的作用更为关键:"世有身不跛倚、容不怠肆,而心尚未中者;未有跛倚、怠肆而心反中者也",故"修身"的根本还在"正心"。基于此,他在三十一岁时就意识到:"向惩腐学之弊,若考经济多,勘身心少,则逆学矣。必急于自治。"此尚在毛说前八年。五十七岁时又警告学生:"学术不可偏。偏于立体,必流清静空虚为异端,先儒已尝其弊矣。偏于致用,必流杂霸忮克为小人,今日宜戒其祸焉。"可知其对颜学流弊有清醒的认识。最后,李塨四十三岁时,写有一篇《人说》,强调人之为人,主要体现在"心"的层面,而非"身"的层面:"人之灵曰心,而头目手足视之皆蠢也。"李说的是灵、蠢之分,不是颜说的善、恶之别,但师生二人对身体认知的差异也一目了然。以上,冯辰等:《李谱》,李塨:《人说》,均在《李塨集》,第1769、1773、1756、1824、1464页。
① 颜元:《存性编》《上廷翁王老伯》《四书正误》,第2、598、244页。

四、疾患与学术

颜元将他所认知到的圣人人格投射为一具理想的身体形象,但现实却与此相去甚远。他举目所及,发现"塞天下庠序里塾中",尽是些"肉脆如妇人女子"的"白面书生",不但缺乏"经天纬地之略,礼乐兵农之才",亦不具"豪爽倜傥之气"。① 由于把全副精力都耗费在书房里,到了三十岁左右,他们个个精神"萎惰"、"筋骨"疲软,以致"天下无不弱之书生,无不病之书生",一事无成,"何以成人纪"!颜元对此痛心疾首,在《存性编》中举出自己"目击而身尝"的众多例证:

> 吾友张石卿,博极群书,自谓秦、汉以降二千年书史,殆无遗览。为诸少年发书义,至力竭,偃息床上,喘息久之,复起讲,力竭复偃息,可谓劳之甚矣。不惟有伤于己,卒未见成起一才。比其时欲学六艺,何以堪也!

---

① 颜元:《泣血集序》,第 399 页。李塨曾引当时"诮者"之言,有"白面书生""书生无用""林间咳嗽病猕猴"等,应皆是其乡人之语。他对这些评论也高度认同,迟至四十余岁得子后,以其子"白莹如玉",视为体弱之相,竟"令坐走土上,汗浃土,渐变苍色"乃已。见其《与枢天论读书》《长子习仁行状》,均收在《李塨集》,第 1487—1488、1442 页。

祁阳刁蒙吉,致力于静坐读书之学,昼诵夜思,著书百卷,遗精痰嗽无虚日,将卒之三月前,已出言无声。元氏一士子,勤读丧明。吾与法乾年二十,又无诸公之博洽,亦病无虚日。虽今颇知愤恨,期易辙而崇实,亦惴惴恐其终不能胜任也。况今天下兀坐书斋人,无一不脆弱,为武士、农夫所笑者,此岂男子态乎!①

颜元"病无虚日",主要是他二十五六岁后那几年的事。其时他初识理学,大为折服,发愤要"变化"自身"气质",却因家庭不和,"忧郁成疾,但看书、思事即心痛",并伴以"耳聋""骨蒸""腿痹"等状。他"身心之病交乘,诸色症候,莫可名状;且夜夜死梦相继",而生出"殆非久在人间者"的感想。这令颜元异常痛苦,常叹"天限我也"。他此时热衷读书,每"夜观书史,至夜分不忍舍",又怕劳累伤身;"二念交争久之",有时要吹熄蜡烛之后,方肯释卷。② 颜元已经意识到读书对自己健康不利,但在理学格局下,这又是成为圣贤的必由之路,

---

① 颜元:《朱子语类评》《存学编》,第 272、72—73 页;钟錂(辑):《言行录》,第 636 页。刁包对自己的病痛亦有亲切描述:"某年甫逾强仕而血气已衰。自丁丑在棘闱中,火动痰发,一时撑持不住,只字未成,扶病而出,迄于今遗精、便血、怔忡、惊悸诸症交作,日甚一日,是以精力虚损,形神倦怠。"《辞伪朝考选书》,收在《用六集》,第 427 页。
② 颜元:《答五公山人王介祺》《祭魏帝臣文》《上廷翁王老伯》,第 429、541、598 页;李塨:《颜谱》,第 714 页。

遂成为其一生中最为痛苦的光阴。此外,他虽未明言,但我相信,矫揉造作,强迫自己"变化气质",也是其疾痛的来源之一。众所周知,在中国传统社会,精神上的困扰往往是以身体疾痛的方式表现出来的。①

本已备受折磨的身体,又经过居丧时期的病痛折磨,可谓雪上加霜,这促使他将是否有利于身体健康,提升为区分学术真伪的试金石,也为他理解气质问题提供了基本灵感。而且正如他担心的,在三十四岁之后,他虽已加强身体的锻炼,仍不时陷入病疾煎熬,以致年未五十就齿落鬓斑,"衰堕已甚"。② 这使他愈发将注意力集中于此一主题。

疾痛虽是日常生活难以避免的负面经验,但它对每个人的意义及强度都不尽相同。不过,可以肯定,疾病的意义绝不会局限于一个人的肉体边界。医疗人类学家凯博文指出,疼痛是"社会关系网中的一种沟通的语言",将人和人乃至更大范围内的社会、历史联结起来。对于病人,疾病也是反思自我及生活的路径。"诉说疾痛故事,在一定程度上是创造经验,因为患者叙述慢性疾痛的事件和经历时,总会出于特殊考虑——认知的、感情的和道德的。"③颜元不断记录和重

---

① 凯博文(Arthur Kleinman):《疾痛的故事》,方筱丽译,上海:上海译文出版社,2018年,第116页。
② 李塨:《颜谱》,第750、753、761、793页;颜元:《祭李孝悫文》,第532页。
③ 凯博文:《疾痛的故事》,第194—195、258页。

述自己及身边人的病痛经验,为它们赋予了重要的思想价值和功用,既用之否定整个理学系统,也用作阐发思想、说服同人的论据,证明凯博文所言不虚。

颜元把身体和学术致密地编织在一起,使他得出一个结论:天下士子都成了"弱人、病人、无用人",只能表明大家遵奉的学术路线是错的,而始作俑者,就是朱熹。朱熹身为"主教大儒",只知"读讲著述",不但"耗损自身之心血精力",更"流祸后世",其害不浅。① 自己亦是"呆了三十年",方从其"瓶中出得半头"。习斋特别强调,朱氏误判教学等级、程序,不从六艺入手,反以为六艺太难,学者须先"理会道理通透,诚意正心后",再来学习六艺,以致毫厘千里之谬。其实,"礼、乐、射、御、书、数似苦人事,而却物格知至,心存身修而日壮;讲读文字似安逸事,而却耗气竭精,丧志痿体而日病。非真知学者,其孰能辨之?"他常对人说:"我辈多病,不务实学所致。古人之学,用身体气力,今日只用心与目口,耗神脆体,伤在我之元气,滋六气之浸乘,乌得不病!"而对治之方就是反其道而行,"习行于身者多,劳枯于心者少",身体自然

---

① 颜元:《四书正误》,第251、245页。李塨说,颜元"每见人俛首读书,则曰:可惜许多气。见人搦管作文,则曰:可惜许多心"(见其《瘳忘编》,收在《李塨集》,第1238页)。此处"气"即血气之气,"心"即心血之心,皆是从身体上立论。

强壮。①

在求道过程中,因为陷入身体和心灵的极度痛楚,而终于改弦易辙,造成学术转向的例子,在思想史上绝非罕有。仅就朱子的反对者来说,王阳明庭前格竹,七日而大病;罗汝芳(1515—1588)"病心火",因遇颜钧(1504—1596)而片言得解;日本大儒伊藤仁斋甚至"惊悸不宁"近十年之久,②都是为人熟知的事例。惟他们的转向各有千秋,却并未因此把身体提到颜元所说的高度。而习斋之所以这样想,大概和他的医学实践有密不可分的关联。③

颜元二十二岁时,因"家贫"之故,从受业师吴洞云(?—1672)学医。至二十四岁,"渐为人治疾"。三十九岁后,"医术渐行,声气渐通",常应邀外出为人疗疾,足迹遍及附近数县。其师友中,刁包、张公仪、王法乾等,亦都请他诊病,因此他对他们的身体状况非常清楚。医术是有用之学,合乎颜元的理想。因此,虽然他学医的初衷是为了谋生,但也一直心

---

① 颜元:《朱子语类评》《存学编》,分别在第 266、72—73 页;钟錂(辑):《言行录》,第 645 页;李塨:《颜谱》,第 732、791 页。
② 杨儒宾:《异议的意义——近世东亚的反理学思潮》,第 221—223 页;王汎森:《明代心学家的社会角色——以颜钧的"急救心火"为例》,收在《晚明清初思想十论》,第 1—28 页;杜维明:《青年王阳明(1472—1509):行动中的儒家思想》,朱志方译,北京:生活·读书·新知三联书店,2017 年,第 85 页。
③ 这方面可以和颜元做比照的,有日本的贝原益轩(1630—1714)。参看杨儒宾《异议的意义——近世东亚的反理学思潮》,第 320—322 页。

存喜好。他二十七岁在家中立"道统龛",祭拜先王、先圣以及"先医"虞、龚;三十岁所订家礼,亦列入祭拜炎、黄的条目。① 因此,在为儒者之外,医生是颜元认同的另一身份。

医疗实践为颜元阐发其学术思想提供了资源。王法乾认为,"射御之类,有司事,不足学",学者"须当如三公坐论"。颜元大不以为然,针锋相对地说:"学,正是学作有司耳。辟之于医,《黄帝素问》《金匮》《玉函》,所以明医理也,而疗疾救世,则必诊脉、制药、针灸、摩砭为之力也。"不学医术,即使读破医书万卷,仍不能救人一命,"尚不如习一科、验一方者之为医也"。同理,"读尽天下书而不习行六府、六艺,文人也,非儒也,尚不如行一节、精一艺者之为儒也"。医学讲究疗效,不能抛开技术,只谈道理。无论说来如何高妙,只需看效验有无,立判高下。这同样成为他判断儒学真伪的标尺。因此,当他听说有人论医,称"惟不效方是高手"时,大为齿冷,嘲笑其人:"殆朱子之徒乎?"②

颜元高度认同"良医"即"良相"的比喻,认为医病与社会治理所遵循的原理并无二致。比如,根据"急则治其标,缓则

---

① 李塨:《颜谱》,第 712、714、717 页;颜元:《祭师吴洞云先生文》《未坠集序》《朱子语类评》《哭涿州陈国镇先生》《再奠大来阎封翁文》《祭祁阳刁文孝文》《祭宁晋张公仪文》,第 536、397、264、536、542、527、534 页。"先医虞、龚",按照吕妙芬说,应即明代儒医虞抟(1438—1517)和龚廷贤(1522—1619),见其《成圣与家庭人伦:宗教对话脉络下的明清之际儒学》,第 211 页。

② 颜元:《存学编》《朱子语类评》,分别在第 50、266 页。

治其本"(《素问·标本病传论》《本草纲目》)的原则,应对佛教痛下杀手:

> 今佛氏之害弥天漫地,如人遍体疮疡。若是而言从容调理血气乎,抑急须针膏擦洗之方也?佛之害中人,便昏乱狂颠,发作便窒气绝生,正如风痰急症,风不散则立刻瘫痪,火不解则立刻谵语,痰不吐不下则立刻丧命。如是而言从容补阴阳乎,抑急须汤丸灸熏,散风降火,吐下顽痰之法也?佛之害在一日,则此一日中普天下添多少人为僧,便断多少人血脉,如病瘟疫天疱,迟治一日便多传染几人。如是而言采参于朝鲜以补中,斩兕于羌国以解毒乎,抑现用防风、荆芥以汗之,芩、连、恶食、金银花之属以解之为当也?①

颜元的医学水准似乎不低。在读《朱子语类》时,他发现朱熹有严重的腰痛现象,立刻断言,此是醉心于读书、思考的结果:"医工皆知好内之人必腰疼,败精也;不知好读、好讲、好著之人必腰疼遗精。盖《内经》明载'肾藏慧',精但精于血气筋骨耳,慧则更精于精。故吾友刁公(刁包。引者注,下

---
① 颜元:《礼文手抄》《存人编》,分别在第 327、134 页。

同)寡欲,尝数月不入内,而夜夜遗精,以其读、作也。"这再次证明:"今天下尽弱病之儒,晦翁(朱熹)遗泽著矣。孔学不复,其如苍生何?"①

一个有趣的现象是,颜元行医,非常强调"心"的重要。比如,他为养祖母治丧期间,恰遇刁包重病,但他自己也不便出行,只能根据刁氏自述,开具一方,嘱其试服。他提醒刁氏,服药尚非最为紧要之务:"某谓治身病易,治心病难。病势至此,须摆脱世情、家务,一切不一扰吾方寸,使天君澄澈,则内火不燃,不销耗真气,而以药饵辅治卫有益矣。不然,十剂之养,不敌一忧;百服之力,不敌一怒;意外之患,焉能保乎?"这看法并未随他学术的转变而放弃。据其弟子钟錂所记,他晚年也多次说过:"六气之疾常入肌肤,其症轻;惟私欲之疾,直犯心君,其病重。六气,侵边据城之寇也;私欲,弑夺篡逆之贼也;可无惧欤!"又谓:"治病在清心,清心在知命。"②这都是在强调,对心的控制,才是养生的根本。

这乍看似乎表明,颜元在重蹈理学家重心轻身的覆辙。但是,如前所说,颜元本来就认为身心一体,反对歧之为二,"养心以范身"亦是为其认可的,因此,这些评论不过是展示了事物的另一层面,可以看作对他平时过重"束身以敛心"的

---

① 颜元:《朱子语类评》,第259页。颜元此段议论,经吾友中医蔡进医师肯定。
② 颜元:《再却刁先生请》,第432—433页;钟錂(辑):《言行录》,第630页。

平衡与补充。更重要的是,颜元是在一个医疗语境中讨论这些问题的。尽管医学和修身在中国从来如影随形,元明两代的医家更是深受理学影响,①但他这里采取的论述脉络毫无疑问是医学话语,所谓"心君"是在身体这一大范畴下的概念,而非与身体相对等的概念。因此,并不能理解为治心即可替代治身。事实上,有次王法乾病后拒绝服药,以为只要勤加"葆摄",即可不药病除。颜元对此大加反对,强调必须以药饵辅助心君,方可得力。②

无论是站在修身践道的儒者立场,还是治病救人的医者立场,如何保持身体康健,都是颜元最关注的问题之一。《孟子·尽心上》云:"莫非命也,顺受其正。是故知命者不立乎岩墙之下。尽其道而死者,正命也;桎梏死者,非正命也。"他对此句的解释颇有特色:"能修身以俟方是'顺受','尽道而死'方是'正命'。不然,岂惟犯王法、结仇怨、积货杀身者非

---

① 徐仪明:《性理与岐黄》,北京:中国社会科学出版社,1997 年,第 210—212 页。颜元从未系统阐释过他的医学思想,我们唯一知道的是,他曾读过明人赵献可(生卒年不详)的《医贯》。此书重视先天"命门之火",强调五官之病多可从肾论治,对后世医家影响甚大。颜元曾云:"养身之道,在养吾身'真火';养'真火'之道,在慎言、寡欲。寡欲则省精,省精则'真阴'足而'相火'旺;慎言则省气,省气则'真阳'足,而'君火'明。"大概就是受到赵说的影响。以上,颜元:《祭任熙宇文》,第 540 页;刘玉玮:《赵献可〈医贯〉医学理论特色辨析》,《中医文献杂志》2001 年第 1 期,第 6—8 页;徐仪明:《性理与岐黄》,第 105—107 页;钟錂(辑):《言行录》,第 630 页。
② 颜元:《上廷翁王老伯》,第 598 页。

正命也? 凡贪财好色,不慎起居,不节饮食,诸致祸疾者,皆'岩墙'、'桎梏'也。"①起居饮食不慎导致疾患之忧,也被他归为"非命"。这是一个相当严厉的标准,没有几个人能够完全逃脱其指摘。根据他的这番解释,强身健体就不再只是肉体上的事业,也是攸关德性的选择。

颜元认为,要使身体强壮,要诀在一个"动"字:"养身莫善于习动,夙兴夜寐,振起精神,寻事去作,行之有常,并不困疲,日益精壮;但说静息将养,便日就惰弱。"这应是他的亲身体会,亦非常符合他的性格。颜元是艰卓自砺之人,在他二十岁时,朱翁家道中落,由城返乡,颜元辛苦力田,一人承担了全部的养家重担(参看第一章)。不过这种情形可能并未持续太久,他后来主要还是靠教书、行医、为人算命谋生,也置办了一些田产,日子过得似乎不错——据说他七十岁时,某日浴后,看到自己"指肉红润,甲色稳秀",慨叹道:"天何不使我栉风沐雨,胼手胝足也!"②

所以,颜元劳力的主要方式还是习行六艺,特别是修习礼、乐。在他看来,这不仅是儒者践道的方式,亦有健身效果。礼、乐之"经曲、进退、声容、舞奏,皆足以固人身心,化人性情"。而且这方面的意义并不只是附属性的。颜元指出:

---

① 颜元:《四书正误》,第 242 页。
② 钟錂(辑):《言行录》,第 635 页;李塨:《颜谱》,第 711、793 页。

"孔门习行礼、乐、射、御之学,健人筋骨,和人血气,调人情性,长人仁义……小之却一身之疾,大之措民物之安",福利无穷。至于其运作机制,颜元的解释完全体现了一个医生的眼光:"为其动生阳和,不积痰郁气,安内捍外也。"他五十七岁时南下中州,在"疫气流行,兼之斧资不给"的情况下,仍不忘"时时习恭",保持"心神清坦,四体精健"。直至晚年,每当感到"身近衰惰",他都会参与习礼活动,"升降跪拜以自振"。[①]

健身主题贯穿了颜元对儒家经典的理解。比如他解释何谓"正德、利用、厚生":"吾辈若复孔门之学,习礼则周旋跪拜,习乐则文舞武舞,习御则挽强把辔,活血脉,壮筋骨,'利用'也,'正德'也,而实所以'厚生'矣。岂至举天下事胥为弱女,胥为病夫哉!"又如,他解释"立于礼":"常动则筋骨竦,气脉疏,故曰'立于礼',故曰'制舞而民不肿'。宋元以来儒者皆习静,今日正可言习动。"[②]都是将经典中的重要概念和命题归结到身体的动作和效应上来。

[①] 颜元:《四书正误》《题礼观于乡二章》,分别在第 197、554 页;钟錂(辑):《言行录》,第 693 页;李塨:《颜谱》,第 769、783 页。李塨曾言:"颜先生曰:周流,孔子之不得已也;著述,孔子之大不得已也。故孔子曰:'君子多乎哉,不多也。'则习礼、习乐,六十以后亦不当及,而况诵读?"(《与枢天论读书》,收在《李塨集》,第 1488 页)照此说,晚年已无习礼之必要,而颜元犹不止,恐怕更是以保生为主了。
[②] 钟錂(辑):《言行录》,第 648、686 页。

身体不仅是颜元诠释经典的出发点,也像路标一般,指示出宋儒走入歧途的岔道口所在。朱熹曾说:"奉佛者至老体多康健,以为获福于佛,不知每晨拜跪,日劳筋骨,运用气血,所以安也。"以习斋一贯的作风,本该揪住此事,视作朱子已与和尚沆瀣一气的铁证。然而并没有。他对此当然还是以批评为主,但也部分地表示同意:"先生看人康健之由如此透切,奈何废孔门学习之功,置礼、乐、射、御等不加时习,竟成畏难而苟安乎?"缘由无他,只是朱熹考虑的是强身健体,大合其脾性而已。在另一条中,朱熹道:"禅子病脾,只坐禅六七日减食便安。"颜元更予以相当的肯认:"阳明尝言,丹法差可疗病。"①

礼乐作用于身体的方式是多方面的,除了"畅吾肢体"外,还能"娱吾耳目,快吾心智"。礼俗之观可以"养目",弦歌之声足以"养耳",礼乐洋洋,可"养天德"。颜元并未把礼乐的功能局限在保健事务上,而是把一个健康的身体看作通向整个天地秩序的起点。他的世界观是元气论的,强调弥天地皆是二气流行,彼此相感、相应、相化、相生。人亦是二气凝结,而为万物精粹。圣人参赞化育,以礼乐为枢纽,故能"制舞而民肿消,造琴而阴风至"。他有次弹琴时,爬过一只蝎

---

① 颜元:《朱子语类评》,第289、287页。

子,遂认定是自己身上的"暴躁之气"所致,"乃更为舒徐和缓之韵,三弄而罢"。身体承担着礼乐,也受到礼乐的规范和滋养,正是人介入世界的途径,其价值不但超出个我,抑且超越生死边界。他引用《左传》中子产的话说,"历事久,取精多,则魂魄强",娴习礼、乐、兵、农,可以强化气质。"即终身莫之用而没,亦以体用兼全之气还于天地",即是对天地的最佳回报,"是谓尽人道而死,故君子曰终"。①

另一种劳力的方式是习武,颜元通常将之放在六艺中"射"的范围来理解。他认为,尚武本是儒家传统。周公制礼作乐,意在文武合一:"凡礼必射,奏乐必舞,使家有弓矢,人能干戈,成文治之美,而具武治之实。无事时雍容揖让,化民悍劫之气;一旦有事,坐作击刺,素习战胜之能",可谓"尽善尽美"。孔子以"勇"为"达德",不但亲与战斗,且是"善战"之人。其门下个个"弓矢、剑佩不去于身","武舞干戚不离于学"。只是到了秦汉以后,儒者唯知"峨冠博带,静坐讲读",重文轻武之风大盛。"衣冠之士羞与武夫齿,秀才挟弓矢出,乡人皆惊,甚至子弟骑射武装,父兄便以不才目之。"兵民文武合一之制被遗弃殆尽,终于导致"中国弱"而"圣学亡"的下场。②

---

① 颜元:《题礼观于乡二章》《存性编》《存学编》,分别在第 554 页,第 21 页,第 54、51—52 页;钟錂(辑):《言行录》,第 630、652 页。
② 钟錂(辑):《言行录》,第 638 页;李塨:《颜谱》,第 752 页;颜元:《四书正误》《存学编》《朱子语类评》,第 193、220、230、58、300 页。

颜元经常批评宋元以后的儒者"习成妇女态","狃于女子之习",以至"胥天下而为妇人女子"。他有次与王法乾谈及此事,愤愤地说:"无事袖手谈心性,临危一死报君王,即为上品矣。"① 这话常被后来的史家用作批评明人学问空疏无用的证据,其实并不公平。② 已有很多学者注意到,明末儒士喜好谈兵,已是蔚然成风。③ 河朔自古多慷慨悲歌之士,民间习武风气尤盛,读书人亦不例外。与颜元同时的华北学者中,前辈如孙奇逢、王延善(生卒年不详)、王余佑、陈国镇(生卒年不详)、李明性、杨计公(？—1684),其业师吴洞云,同辈友人如彭恒斋(？—1675)、赵卫公(生卒年不详)、赵启公(生卒年不详),门人如李塨、李介石(生卒年不详)、颜保邦(生卒年不详)、王源、周琨来(生卒年不详)等,或好兵法,或精技击,都非文弱书生意态。其佼佼者,如王余佑"精骑射技术,时而持兵器指画,须戟色飞,蹲身刺枪,一跃辄丈余,垂老

---

① 颜元:《四书正误》《存学编》,分别在第 220、193、752 页,第 51 页。
② 这句话从谷应泰(1620—1690)《明史纪事本末》中《甲申殉难》一篇化来。颜元曾自道其事曰:"吾读甲申殉难录,至'愧无半策匡时难,惟余一死报君恩',未尝不凄然泣下也! 至览和靖(即尹焞,1071—1142。引者注,下同)祭伊川(即程颐)'不背其师有之,有益于世则未'二语,又不觉废卷浩叹,为生民怆惶久之!"见《存学编》,第 62 页。
③ 赵园:《谈兵——关于明清之际一种文化现象的分析》,收在陈平原、王德威、商伟(编):《晚明与晚清:历史传承与文化创新》,武汉:湖北教育出版社,2002 年,第 5—22 页;李伯重:《火枪与账簿:早期经济全球化时代的中国与东亚》,北京:生活·读书·新知三联书店,2017 年,第 316—317 页。

不衰";李明性"至若始衰之年,犹率及门弯弓挞矢,习射不解"。李塨不但自幼习射,著有《学射录》,年过五旬后,还向人学习五步剑法。①

这些文武兼擅的读书人,意气投合,彼此影响,往来频密。颜元曾有一文,记录他在李明性家参加的一次宴会,与会者皆是与颜元情投意合的当地名士。聚会节目丰富,既有演礼、奏乐,又有武术表演和射箭比赛,仿佛就是颜元理想社会的一个缩影,无怪乎他对每个参会者都做了一番生动的描绘,笔触活泼,有一种其少有的、难以抑制的兴奋感。同时,这一事实也提醒我们,颜元的思想并不是凭空虚构,而是他亲眼目睹的事实。他只不过把他那个圈子里已经在实践的习俗,与儒家文献结合起来,并加以系统化、理论化而已。钱穆云:"习斋《四存编》中人物,其实是夏峰、五公(即王余佑。引者注)一路。"②是也。

颜元自己当然深受这一风气的影响。他在二十三四岁时,接触到《武经七书》,大为喜好,手抄《孙子兵法》十二篇,

---

① 李塨:《颜谱》,第 719、721、747、773、789、790 页;李塨:《五公山人王先生行略》,收在王余佑:《五公山人集》,第 393 页;颜元:《孝悫子传》《祭李孝悫文》《祭彭恒斋文》《送安平杨静甫作幕序》《季秋祭孔子祝》《公奠李隐君谥孝悫先生文》,分别在第 472、532、599、406、525、531 页;徐世昌(纂):《颜李师承记》,第 38、39 页;冯辰等:《李谱》,收在《李塨集》,第 1809 页。又,刘村至今仍有习武之风,此承张立伟先生告。
② 颜元:《谷日筵记》,第 415 页(有关情况又见冯辰等:《李谱》,收在《李塨集》,第 1738—1739 页);钱穆:《中国近三百年学术史》,第 202 页。

"朝夕把玩。凡兵家精粗事宜,亦颇留心",并曾向人学习技击。重要的是,他努力将这一爱好提升到国防和社会治安层面。在二十四岁所写《王道论》中,他不但专门思考了如何组织农民练武、利兵、养马、习射,以收"兵民合一"之效,还专门拨出篇幅,讨论了行军布阵之法,并以一篇《八阵图说》做结。颜元这方面的关怀终身不变,其《年谱》多有记录:三十二岁,"看《纪效新书》";三十六岁,"正月,学习书、射及歌舞,演拳法";四十一岁,"九月五日,率门人习射村首,中的六,门人各二";五十五岁,"习骑刀式,始及双刀";五十六岁,三月,"习射"。他晚年受肥乡(今属河北邯郸)士绅的再三敦请,主持漳南书院,虽最终未果,但他设计的"习讲堂",在"文事斋"外,尚有"武备斋",课黄帝、太公及孙、吴五子兵法,并攻守、营阵、陆水诸战法,射、御、技击等科,以及"举石、超距、击泉"等活动。①

按照其弟子们的说法,颜元武艺不凡。在武功方面颇有心得的王源,就曾向其请教"刀法"。颜元五十七岁南游,亦专程奔赴商水,拜访当世闻名的"大侠"李木天(字子青,生卒年不详)。《颜谱》中对此有一段绘声绘色的描写:

---

① 颜元:《答五公山人王介祺》《存治编》《漳南书院记》,分别在第 429、107—108、413 页;钟錂:《习斋先生叙略》,第 618 页;李塨:《颜谱》,第 712、723、731、744、764、766 页。

> 与言经济,木天是之。先生佩一短刀,木天问曰:"君善此耶?"先生谢不敏。木天曰:"君愿学之,当先拳法。拳法,武艺之本也。"时酒酣,月下解衣,为先生演诸家拳法。良久,先生笑曰:"如此可与君一试。"乃折竹为刀、对舞,不数合,击中其腕。木天大惊曰:"技至此乎!"又与深言经济,木天倾倒下拜。次日令其长子珖、次子顺、季子贞,执贽从游。①

还有一个是颜元和钟錂的故事:

> 錂佩刀侍习斋,与客语市肆。客曰:"若能舞耶?"錂谢不敏。习斋目之曰:"能舞,何为谩应?"錂长跽请罪。客为劝披,不敢起。久之,习斋曰:"起舞刀。"錂再拜稽首,然后起舞。时稠人广众,观者如堵,莫不嘉叹,以谓圣贤师弟子之礼犹存今日。于是南中学子多闻风兴起。②

这个故事应采自民间传说,本为说明颜元课徒之严,但亦使

---

① 李塨:《年谱》,第790、772页;王源:《颜习斋先生传》,第703页。章太炎也在《訄书》重订本《颜学》篇中注意到颜元武艺高强,不过他以为这是其志在"光复"的表现(《訄书重订本》,《章太炎全集》第1辑,上海:上海人民出版社,2014年,第149页),不免以己度人。可以肯定的是,颜元虽和不少遗民来往甚密,亦多次表达对明代士人无力救国的愤慨,但他自己绝不以遗民自居。
② 徐世昌(纂):《颜李师承记》,第23页。

我们了解到,习斋文武合一之教,给当地人留下何等深刻印象。①

颜元对自己在兵学、武术方面的成就似也颇有信心。他曾说,言兵非刁包"所长",故其论兵事,只是"乱引经语,未见一棒一痕、一拍一血之意"。言下之意当然是自己才是这方面的内行。同样,来自武学的这些经验也被习斋整合到对儒学经典的解读中。比如他对"格物"的"格"字所做的别出心裁的解释:此字"王门训'正',朱门训'至',汉儒训'来',似皆未稳"。在他看来,"当如史书'手格猛兽'之'格'、'手格杀之'之'格',乃犯手捶打搓弄之义,即孔门六艺之教是也"。②格杀、格斗这类词汇,颜元当然是取其中"动手""实作"之意,但若没有武学方面的修养,一般读书人恐怕很难想及。③ 此

---

① 进一步的论述可参看马明达:《颜李学派与武术》,《体育文化导刊》2000 年第 1 期,第 38—40 页。
② 颜元:《读刁文孝用六集十二卷评语》《阅张氏王学质疑评》,第 510、491 页。
③ 李塨就没有采用颜元的这个说法,而是强调程、朱解"格"为"至",与习斋之说并不矛盾:"盖至其域,而通之、搏之、举之,以至于极,皆格义也。"这也就是说,程朱对格物的解释,同样包含有实践、实习之义。李不无调和之意,但也正因如此,颜元别出新解,就更加引人瞩目。事实上,李塨对格物的理解与其师微有不同。他强调,《大学》之所以用"格"这个词,具有"于所学之物由浅及深,无所不到"的意味,这个理解较习斋更细密。不过,李氏晚年讲《中庸》"拳拳服膺而弗失之"一句,谓:"拳即李阳老拳之拳,借字,妙!"又云:"人两目,用左则右目注于左,用右则左目注于右,并用则合为一。此以习射知之,而宋人以空揣为格物,非也。"则与习斋如出一辙。以上,李塨《大学辨业》《恕谷中庸讲语》,冯辰等:《李谱》,均收在《李塨集》,第 938、939、1693、1808 页。

外,他也用习武的经验来批驳"变化气质"之误:若是一个"技击者好动脚",教师要做的乃是"教他动手以济脚,非是变化其脚也"。①

杜正胜曾猜测,中国人身体观中"气"的概念,"最先大概是在战争中体验出来的"一种"超强的体力"。② 颜元的医疗和习武实践似乎印证了这一可能,并再次提醒我们,对身体的感知,在多大程度上塑造了他对气质的观点。如果一副健壮的身体是上天赋予我们的"作圣之具",并使其透过礼乐制度,与两间元气联在一起的话,那么,毫无疑问,怎样保持并增强它的活力,就成为一个学人日常实践中须臾不离、念兹在兹的事业。虽然仅仅关注身体还远不足以穷尽圣道之全体,但离开身体去寻索那些惝恍迷离的性命消息,毫无疑问是误入歧途的表征。

五、结论

那么,颜元为何坚持认为气质之性是善的? 这当然跟他

---

① 钟錂(辑):《言行录》,第664页。
② 杜正胜:《古典气论》,收在《从眉寿到长生——医疗文化与中国古代生命观》,台北:三民书局,2006年,第246页。

的经历有关,但最直接的原因是,他把身体当作了气质这一范畴的"原型"。身体被他视作人之为人的凭据,没有了身体的承负,一切伦理和道德的思考也将无从着落,"成圣"就成为空谈。身体并非如佛、老所说,乃是成道的累赘;相反,它是一个儒者"作圣"的基础和工具。为了使身体更好地担起它在世间的重任,当然要先清洗其原有的污名。① 颜元对于身体所做的积极正面的界定与评估,既出自他身为一个医生的认知惯习,也可以看作他对自己经历的各种身体不适的逆向反应。他是先从这些经验中体会到身体和行动的重要性,然后再将这些感受投射、扩展到整个气质范畴,并在《存性编》这样的著作中将之进一步系统化。

简言之,"身"这个字眼起到了榫卯的作用,构筑起颜元的整个思想体系。而他所说的"身",又在很大程度上被落实为具体的肉身——这当然并不意味着,其所谓"身"就只是物

---

① 李塨曾劝颜元:"谓气质有恶而变化之,不可;谓气质有偏而变化之,无不可。《存性编》所驳,宜酌也。"此言应更符合习斋本意。他在晚年曾说:"开聪明,长才见,固资读书;若化质养性,必在行上得之。不然,虽读书万卷,所知似几于贤圣,其性情气量仍毫无异于乡人也。"从"化质"二字可知,他实际上接受了李塨的规劝。但这也就意味着,从工夫论的层次上看,"气质"本身是否需要"变化"并非问题的根本所在,颜元所争只在对气质性质的界定上。以上分别参见冯辰等:《李谱》,收在《李塨集》,第 1733 页;钟錂(辑):《言行录》,第 624 页。又,陈昀瑜也指出,颜说中其实不无和"气质之性"相雷同的成分,二者有"不易切割"之处。见其《朱之瑜与颜元的实行观》,新北:花木兰文化出版社,2011 年,第 72 页。

质的,而没有精神的向度。与人们以往关注的明代中后期以来那些"欲望"之身不同,颜元始终以正统儒者自居,坚定注视着"礼乐"之身。这具身体通过其物质性构成而行动,却不为物质性所囿,而是清醒意识到自己来自世界本原的一部分,主动介入"气"的协调运转,以践行自己对天地的"孝道"。①

从明代中叶以后思想的流变看,颜元提出的绝大多数观点,包括反对"义理之性"与"气质之性"二分,对气质、身体、才情、器物、个性与专长的肯定,对"变化气质"的否决等,都已被其他思想家提出与阐释过。颜元只是这个思潮的"预流者",远非创生者。同时,他和其思想对手之间,也远不如他自己想的那样势不两立,黑白分明。② 他们虽然隶属对立流派,但既然共为儒家,便自有共享资源。当然,这些共享观念已被颜元整合进自己的思想系统中,因而产生与他人不尽相

---

① 礼乐之身,主要出自一个士人的关怀。而我们不能忘记的是,颜元亦深受农民文化滋养,曾亲与劳作(参看第一章),而这对他的身体观也应有所影响。而在儒家传统中,耕作与礼仪具有相当密切的关联,将它们联结起来的枢纽就是身体。参看司马黛兰(Deborah Sommer):《身体的界限》,收在王中江、李存山(主编):《中国儒学》第 10 辑,北京:中国社会科学出版社,2015 年,第 158—159 页。
② 日本学者三浦国雄注意到,张载(1020—1077)"颇懂医术",其太虚论受到《黄帝内经·素问》及王冰(约 710—805)注的影响,他的"变化气质"说从道教的养气技术里汲取了营养,只是将其转化为一种道德上的修养法而已。朱熹中年以后则因陷入身体疾痛,"体会到人受肉体之制约,心离开肉体肯定无法存在",开始了对"道教养生和养气法"的关注。分见其《论气质变革——张载与道教的自我变革论》《论朱熹的呼吸观》,均收在《不老不死的欲求:三浦国雄道教论集》,王标译,成都:四川人民出版社,2017 年,第 57—81、126 页。

同的意义。

那么,颜元思想的特色到底在何处(一个非原创性的思想家依然可以是有特色的)? 英国史家爱德华·卡尔(E. H. Carr,1892—1982)在描述历史研究工作时,曾把史实比作海洋中的鱼,史家是一个垂钓者。他从中钓到什么鱼类,很大程度上取决于他"喜欢在海岸的什么位置钓鱼",以及他用的是什么"钓具"。[1] 这个比喻也可以用来理解思想者涉足一个思潮的情形:他们虽然踏入同一条思想河流,却是从河岸的不同位置踏入的,使用了不同的工具,因而他们从河中的收获也不大一样。就本章主题来说,颜元的个性、疾痛经历和职业修养,与他所在的士人社群的面貌,都决定了他"预流"时的"位置";"肉身"作为一个思考时参看的标本,则构成其运用的"工具",也是他的观念最为独特之处——不是说其他人没有注意过这类问题,但他们没有赋予它如此独一无二的地位。

这个例子让我们意识到,不是每个思想者都能随心所欲地从抽象层面进入思想之流。至少对一部分人来说,要想灵活运用一个多少有些抽象的概念,大概是需要某些"原型"帮助的。"原型"将抽象的事物转化为相对更加具体的心象,使人更容易把握概念的要点,将之变成运思的对象和工具,并

---

[1] 卡尔:《历史是什么》,陈恒译,北京:商务印书馆,2012年,第108页。

在下意识中,依据这一心象来审视和构思有关的概念与命题。颜元就是这类不擅长抽象思考的人(当然,他自己亦不看重那些)——就像他自己所说,即使是"盎于背"这样的描绘,他也要透过一个具体的形象才能掌握。任何思想都离不开鲜活的经验,但从生活经历到理论命题之间,并不是直接的跃迁。在很多情况下,要经过一些转换器的作用,而"原型"就是其中之一。面对同一概念,每个人头脑中的"原型"未必一致,即使他们共享一些基本的思想态度,仍会带上各自的形状和色彩。

从本章关注的对象看,为气质平反,逻辑上已经包含了对身体的肯定——杨儒宾已指出,气本论者的工夫论"具有强化体质的意义"。但他也强调,这"并非气学修养论的正宗",多数"气学学者经营气质之性所欲达到的目标"并不在身体层面。换言之,并非所有的气本论者都像颜元那样,用如此隆重的态度对待一具肉身。德国学者薛凤(Dagmar Schäfer)发现:除了"气"这个语汇,"晚明探讨'气'的思想家们"几乎没有多少共同点,"他们对'气'的阐释方式千差万别,经常很难让人相信他们讨论的是同样的事情"。[①]

[①] 杨儒宾:《异议的意义——近世东亚的反理学思潮》,第163页;薛凤:《工开万物:17世纪中国的知识与技术》,吴秀杰、白岚铃译,南京:江苏人民出版社,2015年,第80页。

因此,以往的思想史研究多把颜元对"气质之性"的批判视为一个更广泛的思想潮流的一部分,①虽然是有道理的,但处于同一时代同一思潮中的思想家对同一观念的把握,也往往各有因缘和途径,彼此未必能够相换。即以颜元所在的圈子来说,张石卿首先提醒颜元气质不恶,但他依然不关注身体;王余佑把气质和身体联在一起,而且他既通习武术,对医学也有兴趣,却没有把身体与礼乐放入同一系统考量;李明性热衷习射,仍不妨碍他把"气质"看作有待"变化"的对象。② 只有颜元,以"身体"这个概念为纽带,将所有这一切思考与实践综合在一起,向我们清楚展示了,"肉身"是怎样成"道","道"又是怎样化为"肉身"的。

---

① 如沟口雄三:《儒教史——宋代至近代》,龚颖、孙道凤译,收在《中国思想史——宋代至近代》,北京:生活·读书·新知三联书店,2014 年,第 103、107 页。
② 王余佑:《存济轩说》,收在《五公山人集》,第 173—174 页;李塨:《颜谱》,第 720 页;颜元:《公奠李隐君谧孝悫先生文》,第 531 页。

第三章
在乡里"作圣":颜元与其乡人的互动

> 教化绝非只是精英对大众的单向施教,而是双方的相互影响。在一个讲究"反求诸己"的思想体系中,面对他人的"教化"与面对自身的"修养",是一个无法分割、相互促进的过程。即使被虚化在背景中的无名小卒,亦不是一个完全消极的角色。他们会以自己的方式创造属于自己的"圣人",以实现对精英的"反向施教"。

儒学发展至宋明时期,带来的一个重大后果,是使越来越多的人意识到,圣人不再是邈不可及的位阶,虽然艰难,但它仍是可以通过一番跋涉抵达的境界。这一认知最初只限于士人群体,及至王学勃兴,乃向更大范围的民众扩散。而人人可以成圣的承诺,亦为儒学吸引到读书人之外的更多受众。但即使此风最盛之际,亦远非一种普遍现象。对大多数民众来讲,圣人依然尊而不亲,①儒学理想和一般人的生活仍有相当差距,普通人遇到实际生活中的问题,无论是物质、人伦方面,还是心理、情感方面,很多时候还是不得不到儒教之外去寻求解决之道。故朝廷对非正统思想虽有禁止和压制,大体仍能包容。反而是一些自居正统的儒者,必欲除之

---

① 黄进兴:《"圣贤"与"圣徒":儒教从祀制与基督教封圣制的比较》,收在《圣贤与圣徒》,台北:允晨文化实业股份有限公司,2001年,第144—146页。

而后快,加深了他们和普通民众以至深受民俗影响的中下层儒生之间的鸿沟。

儒家思想之所以认定普通人亦有成圣可能,很大程度上是因为其所设想的圣人并非遁世绝俗,而就生活于常人之中,高度认同于人世秩序。刁包曾引用顾宪成(1550—1612)的话:"自古未有关门闭户独自做出的圣贤,自古圣贤未有离群绝类孤立无与的学问。"①在此取径下,不但终极真理不出人伦日用,而且"庸常"本身就是一项正面价值;索隐行怪,刻意标新,即使不是叛道离经,至少不受鼓励。但世俗社会既对儒教敬而远之,"作圣"就意味着要选择一条与众不同的人生道路(颜元青年时代所承受的朱翁的压力,就是最为明显的表现之一。参看第一章)。更重要的是,要成为圣贤就不只是一个个体性修身的问题,淳化风俗亦是其不可回避的责任,而这又进一步强化了他们与周边环境的冲突,愈发使他们吊诡性地成为了另一意义上的"行怪"之徒。因此,对一个儒者来说,如何处理和世俗社会的关系,是一个颇费拿捏的课题:"教化"仅仅针对他人吗?"被教化"的一方是否就是一个完全被动的角色?他们是否可能对"教化者"表示反对,或者对"教化者"施行一种"反向"的教化——但对后者来说,它

---

① 刁包:《答朱子衿书》,收在《用六集》,第488页。

可能是以"自我教化"(自省)的形式表现出来的？要解决这些问题,我们就必须把儒者的成圣过程放到一个更加具体的人际互动环境中考察。

在这里,比较难以把握的是"被教化者"一方。近年有关明清士大夫和地方共同体建设的研究已经足够丰富,但一个立志学圣的读书人如何在乡间自处,那些不识之无的乡邻又会给他怎样的回应？我们仍然所知甚少。本章希望通过颜元及其周边士人的例子,对此略做探讨。事情源自我在2018年6月前往其家乡考察时,亲闻北杨村中妇孺呼之为"圣人爷",这令我想到：要理解"作圣"理想在读书人中的影响和意义,仅有士人的视角是不够的,必须同时具备乡里的眼光,了解乡民们是怎样对"圣人"做出他们自己的界定的。

一、做圣贤与处乡里

颜元初次表露作圣之想,是在二十五岁所作《小盒歌》中："识得孔叟便是吾,更何乾坤不熙皞？"他和王法乾相识后,彼此终生以圣人相期许,砥砺学行,精进不辍,以至王氏亡故后,已在暮年的颜元想及"良友中再无以圣人相责者",竟至"泣下不已"。王曾告颜："吾兄弟初志作圣,即令到的贤人位次,终是自恶。"颜元亦言:"圣人必可学而至,希贤则已卑。"其心中直以"尧、舜、周、孔"为"比勘"对象,程、朱、陆、王亦不足与商,至于"今人"之褒贬则更不在其意中。即使偶陷自伤,他也不肯稍降悬格,以为其"言之是"与"心之悲",惟有孔子能够知解。①

颜元以成圣自期,也以之期望他人。他批评时人不但"不敢"自居,"并不敢言为圣贤",如是自暴自弃,竟"成何人"?他强调,孟子所说"人皆可以为尧、舜",是有普世意义的:"此'人'字,自圣知至庸愚,王公至隶胥,千万人都括尽;'皆可以为'四字,是将生安、学利、困勉,用学问之择执与不用学问之择执,千万等工夫都包尽。"这种全称性表达释放出强大的道德动力,以至一位江南士子听闻习斋学说,当即表示:"人不作圣人,非人矣!"②

在颜元看来,后人之所以"不敢言为圣贤",是因为存在两个误区:一是"望圣人之大德不敢为",一是"忽圣人之小节不屑为"。③ 前者源于志气卑弱,后者则是误认了措手之方。

---

① 李塨:《颜谱》,第713、787、794页;颜元:《四书正误》《朱子语类评》,分别在第173、264页;李塨:《赠张籥门序》,收在《李塨集》,第1386页。
② 钟錂(辑):《言行录》,第690、648—649页;李塨:《赠刘生序》,收在《李塨集》,第1382页。
③ 李塨:《颜谱》,第774页;钟錂(辑):《言行录》,第675页。

这两种认知看来相反,实则皆是将"圣人"看得过高,①似乎成圣是在日用伦常之外别有一途。其实,即便是孔子亦非天纵之圣,而是靠着"终身志、终身学",一路"用功"才取得至高的成就。② 因此,人首先应立下"圣人是我做得"的志向。同时也应意识到,圣人境界是由许多"小节"积渐而成者,其间"层次"甚多,需要由近及远,自卑至高,渐次打理,不能一蹴而就。故他提倡"得尺是尺,得寸是寸"的为学之方,主张先从日常"粗小"之处入手,"学得一端亦可",即使不能抵达终极化境,亦可做到"一部分的圣人"。③

王阳明有两句关于"圣人"的名论。一句是:"满街人都是圣人。"另一句是:"你们拿一个圣人去与人讲学。人见圣人来,都怕走了,如何讲得行?须做得个愚夫愚妇,方可与人讲学。"④二说适相反而可互足。前句是立志之事,要让"愚

---

① 此亦道学家常言。朱熹就说:"不要说高了圣人。高了,学者如何企及?越说得圣人低,越有意思。"黎靖德(编):《朱子语类》,第1140页。
② 颜元:《四书正误》,第177页。颜元强调孔子之圣亦是学得,不但与宋明的论述不同,亦与宋人持论有异。北宋诸儒首揭圣人可学论,是以颜回、孟子为样本,孔子仍被认为"生而知之"者。黄进兴:《理学家的道德观——以〈大学〉、〈近思录〉与〈传习录〉为例证》,收在陈弱水(主编):《中国史新论——思想史分册》,新北:"中央研究院"、联经出版事业股份有限公司,2012年,第297—298页。
③ 钟锡(辑):《言行录》,第668、675页;李塨:《颜谱》,第774页;颜元:《四书正误》,第240、177页。"一部分的圣人"非习斋原话,是我的总结。
④ 陈荣捷:《王阳明传习录详注集评》,上海:华东师范大学出版社,2009年,第213页。

夫愚妇"亦知圣人可为;后句是处世之事:"愚夫愚妇"不知自己与圣人本来无二,反谓天悬地远,阻断了其上进之念,故"圣人"须以与之同类的面目示现,循循善导,令其发见自己也具有的"圣人"心性。换一角度说,前句事涉个体("我")选择,后句指向与世道的交涉。圣人并非孑然独立的"自了汉",而须兼济天下,己溺己饥。"为人""为己",二义兼备,"作圣"的全部意义才能明了。

然而,同时保持"愚夫面"和"圣人心",岂是一桩易事?颜元志存高远,言行不免突出常格,放弃举业只是其一,已然招来物议;①更令人格格不入的,是他那套理学信念和修养工夫。钟錂说,青年时期的颜元"屹然以道自任,谓圣人必可学,期于主敬存诚,日静坐八九次,谤毁交集。尝敝衣敝冠出,人望而笑之,不恤也"。日习静坐,敝衣出行,恐怕还是表象;"期于主敬存诚",才是使众人远之的根由。与习斋同时代的潘平格也曾因从事程朱之学,被"乡里友朋"视作迂腐。事实上,对那个时期的许多士人来说,理学话头只是言说作文的材料,并非真要躬行的法则。方苞有位朋友曾说,对于经书,只需"浮慕"一下就好,若是衷心喜好,则"不祥孰甚

---

① 李颙决定放弃功名后,也曾被周围人认为"误用聪明""耽误一生"。惠龗嗣:《历年纪略》,收在李颙:《二曲集》,第560页。

焉?"①故有人若真要遵之而行,难免被认作咄咄怪事。

在这方面,王法乾亦和颜元同病相怜:他居乡力排二氏,"投佛像于井";焚烧帖括,专意"五经";行事一遵朱子《家礼》,"居必衣冠,率家众朔望拜祖祠、父母,相其生母,拜嫡母";课毕"辄令门人站班,高声歌'战战兢兢,如临深渊,如履薄冰'"。种种行为令"乡党遐迩"大感怪异,或言其"风"(疯),或言其"癫"。颜元却大起知音之感,谓"士皆如此'癫',儒道幸矣",主动修书纳交。他在信中特别提到自己也是备受嘲笑之人:"有笑为狂者,有鄙为愚者,有斥为妄者,有訾为迂阔、目为古板、指为好异者,甚至望而讥,迎而拒,呼朋引类而辱笑之。"②想来法乾读及此处,应起身受之感。

在王法乾感召之下,颜元亦开始遵行《家礼》。他虽因居丧事件否定了朱子学术的正确性(参看第一章、第二章),但并未改变对"礼"的态度,反而强化了守礼的决心。他认为礼是切道之事、"作圣之事",只是朱子所定颇不合理,必须回返"古礼"方可。他一生的事业几乎全部围绕"礼"字展开,于日

---

① 钟錂:《习斋先生叙略》,第618页;郑义门:《潘先生传》,收在潘平格:《潘子求仁录辑要》,第4页;方苞:《书李雨苍札后》,收在《方苞集》,第809页。

② 李塨:《颜谱》,第716页;颜元:《初寄王法乾书》,第447、446页。

常仪节、年节祭拜,尤多措意,并且主张要在平日不断演习。他有时会一个人练习"周旋之仪",进退揖让,不失节度,"转行宅巷,必习折旋",态度郑重,旁若无人,在不明就里者看来,岂不以为癫狂?颜元对此也心知肚明,曾道:"无人处勉为《雅》《颂》之歌吟,家塾中勉率子弟以习演,而即惊世骇俗,招谤笑,惹刺议,的然受人指斥,如两间狂夫、怪兽",甚至自己的家人也不能理解。但他认定自己所行乃是大道,而"守礼"本该以"执",故立定脚跟,愈挫愈勇。①

颜元不仅亲自习礼,而且四处推广,但人多视作"虚礼",以至"做戏"。仅钟錂所记就有两例:

> 或言:"习礼自好,但有近优人演戏之疑。"先生曰:今日正坐不及优人耳。彼平时演定,手足扮出,丝毫不差。学者终日袖手诵读,临事一切懵懵,顾以演仪为耻乎!且以孔子之圣,而与弟子习礼树下。……以习行为羞,乾坤所以日非也。

> 朱主一言:"用习礼等功,人必以为拏腔做势,如

---

① 李塨:《颜谱》,第 788、735、749 页;颜元:《题礼观于乡二章》,第 554 页;钟錂(辑):《言行录》,第 671 页。

何?"先生曰:正是拏腔做势,何必避? 甲胄自有不可犯之色,衰麻自有不可笑之容。拏得一段礼义腔,而敬在乎是矣;做得一番韶舞势,而和在乎是矣。后儒一扫腔势,而礼、乐之仪亡矣。①

拿腔作势,迹近俳优,两条彼此发明,可以让我们一窥颜元邻人对其行事风格的评断:习斋之所谓"礼",并非乡人生活中所行之"礼",是"非常"而非"日常",才令人产生演戏之感(演仪、演戏,皆有一个"演"字,实质亦确不无相通)。② 而习斋根本认为,将礼、乐视同"礼生、吹手"之"贱"业,正使人去道弥远;儒者就应不避"做戏"嫌疑,学而时"演(习)"之,才能重回孔子真精神。③ 因此,与大多数理学家对天理、"喜怒哀乐之未发"的体贴不同,颜元更看重由"外"及"内"的办法。他相信,通过持续模仿圣贤的"腔势",就能逐渐习得"敬"与"和",接近圣域。这和作文、写字先从临摹开始是同一道理,

---

① 以上三段,钟錂(辑):《言行录》,第 631、632、665 页。
② 李塨曾描述颜门教学情形:"学堂中洒扫洁甚,琴竽、决拾、筹管森列,众生揖让进退其间,已而歌讴舞蹈。"(《颜谱》,第 795 页)。其室中陈设和诸生举止,在外人眼中,大概皆与戏台为近。
③ 王阳明曾云:"古乐不作久矣,今之戏子尚与古乐意思相近。"(陈荣捷:《王阳明传习录详注集评》,第 207 页)惟其意略近现代的"社会教育""通俗教育",与颜元意思不同。李塨则从秧歌中"想见古人歌舞遗意"(冯辰等:《李谱》,收在《李塨集》,第 1769 页),似又是一意。

而世人漫不加察,遂至妄加讥议。①

颜元与世俗枘凿不合,也与其个性有关。他自谓年轻时"狂妄特甚","道进一寸,骄盈一尺",又"棱角乖张",以此"得罪执友,取讥乡邦",②是谦辞,亦是实录。其行事爽直,"待人恩义甚切",却也"望人过甚,责人过切",致人不快,故人亦"不亲就"。王顺乾曾说其为人"骄慢"。李塨的父亲李明性

---

① 钟錂(辑):《言行录》,第 671、687 页。在此问题上,颜元的主张和宋明时许多思想家形成了鲜明对照,如焦竑(1540—1620)就认为,"取古人之陈迹,依仿相似"是"乡愿"所为,因是是"强制",而非"诚"(钱新祖:《焦竑与晚明新儒思想的重构》,宋家复译,台北:台湾大学出版中心,2014年,第 94—95 页)。颜元的同乡后学尹会一(1691—1748)在做江苏学政时,"本范文正公(范仲淹,989—1052,引者注)做秀才时'以天下为己任',颁示秀才样子。先以立志,归于立身,中间条贯立德、立功、立言三不朽,胥以文正事实之。每接诸生,诫勉切至,尝言《小学》书是做人样子,文正是做秀才样子,由斯二者相观而善,不十年世教兴,人才出矣"(王步青:《尹少宰公神道碑》,收在吴鳌、朱基[修],尹启铨[纂]:乾隆三十一年《博野县志》,第 59 页 A—B)。按,尹氏论学,极推颜元(参看下文)。他特重"样子"二字,或亦有颜氏遗教的成分。

② 颜元:《祭石卿张先生文》《祭李孝悫文》,第 534、531 页。王法乾之狂亦不遑多让,颜元言其自"谓孔子教法为中人而设",竟至卑视七十子。王、颜订交,系由习斋主动,修书一封,请学生专程送达。法乾得书后,几次托人告颜,自己家教甚严,不得外出,请颜至其家一叙;而颜"时亦以家教谢之"。如是近一年,二人"寂然不相达"。后习斋悟及此是"两傲不相下"之状,乃又有与法乾第二书,披沥心怀。"吾二人既有志圣人之道,而以傲岸不能虚心以相下,是谓侮圣",表达主动登门之意(以上,颜元:《上廷翁王老伯》《与王法乾书》,分别在第 598、447—448 页)。美国社会学家欧文·戈夫曼(Erving Goffman,1922—1982)曾说:"当个体投射一种情境定义并由此或明或暗地表称自己是某种类型的人时,他就主动地对他人施加了道德要求,迫使他们以他这种类型的人有权期待的方式来评价他和对待他"(《日常生活中的自我呈现》,冯钢译,北京:北京大学出版社,2008年,第 10 页)。颜、王这段互动就可看作双方对交往"情境定义"的争夺。通过积极展示友好态度和自我批评,颜元在双方都认可的伦理情境中调整了二人位置,似退实进,占据了道德主动权,也反映出其气量宽大的一面。

性情宽和,而亦不无微词,寓书习斋、法乾,谓二人"英浮""矫强","圭角"外露,勉其"炼至'如愚'光景";又特言习斋"欠涵养,且偏僻",恐其"蹈矫激之僻"。他曾与颜元同坐,言"冬日可爱"者再,乃婉言讽谏语。①

颜元刻意远俗,反被视为"浮俗"。李明性揭出"如愚"(语出《论语·为政》)二字,不啻为其点出向上一机。而颜元一旦知错,亦从不惮改,直至四十二岁,他还专门在日记封面上写下"学如愚"三字。事实上,随着年岁渐长,他的性格大为改善。虽然还是会被人批评"未融锋棱""言躁而长""怒时责人语过甚",但在"做个愚夫愚妇"方面,已大有进展。晚年的颜元多次叹服"孔子之处乡党"之道:"大圣人杂于愚人而不惊,不自贤圣,不大声色……恂恂似不能言,俨然昌平乡中一乡人耳。"而世间常人则不免"多少自贤、自智,不安乡人本分处,却真小家孩子势"。其弟子李植秀(生卒年不详)因追随习斋修业,人"多毁忌"。颜元告诉他:"汝初立志,当暗然自进,不惊人,不令人知,可也。然亦须坚定骨力,流言不惧,笑毁不挫,方能有成。"可知晚年的习斋仍被看作"异类",不过他已软化了对世俗的态度,至少不再在主观上高自

---

① 李塨:《颜谱》,第 748、720—721、723、724、740 页;颜元:《四书正误》《与王顺乾书》,第 207、449 页。

崖岸了。①

颜元一反阳明学术面向大众讲学的传统,认为儒学中最为精微的部分("性命之理"),只可供"一二人秘受"。即使孔门弟子,亦只曾子、子贡等寥寥数人可得而闻,其他"及门与天下所可见者",唯有"《诗》《书》六艺而已"。他反复强调:"'民可使由之,不可使知之',是孔子明言千圣百王持世成法,守之则易简而有功,失之徒繁难而寡效。"宋明儒者"动谈性命,相推发先儒所未发",早已背离先圣正统。他的这些论说意在摧毁理学根基,但也在少数精英和多数人众之间划出了一条界线。对他来说,上智与下愚之别似乎是天生而不变的,"能理会者渠自理会,不能者虽讲亦无益"。②

将人划为三六九等,似和人人皆可成圣的观念抵牾,但颜元并未因此而对后者产生怀疑。实际上,他一方面把圣人

---

① 李塨:《颜谱》,第745、721、746、751、748、764—765页;颜元:《四书正误》,第243、202页。事实上,颜元亦将此视为个人修养进境的指标:"人若外面多一番发露,里面便少一番着实,见人如不识字人方好。"钟錂(辑):《言行录》,第622页。

② 颜元:《存学编》,第41、43、39页。值得注意的是,刻意与王学立异的明儒唐伯元已在张扬"民可使由不可使知"的旧论,这和他强调循序渐进的"工夫阶级"论有关(参看邓志峰:《王学与晚明师道复兴运动》[增订本],第378页),也是他主张性中有恶的逻辑结果。而颜元此说,更多地是从实行实践的角度入手,与之有异。又,彭国翔曾举前揭王阳明"须做得个愚夫愚妇,方可与人讲学"一语,认为此句为晚明儒学"民间化"提供了一个指示(《良知学的展开:王龙溪与中晚明的阳明学》[增订版],北京:生活·读书·新知三联书店,2015年,第495—496页)。不过,颜元的例子表明,努力"如愚",正可以和"民可使由不可使知"的认知并行不悖。

看作一个实践的果位,而非思考的果位。这就意味着,即便是下愚,亦有勉为圣贤的可能。另一方面,他高自标持,年纪轻轻就把自己看作孔庙候选人,理应在精英之列,但他既对高玄理论兴致无多,又刻意矫枉,坚持圣人是"做"出来的,故终身所行都落在众人一边——然而这并不能改变他的"愚民不可与谋始"的预设。①

对颜元印象不佳者,既有胸无点墨的庶人,也有读书人或士大夫。后者对颜元的批评亦可分为两类。一类是像李明性、王余佑等人。他们与颜元志趣相同,甚至对他相当欣赏(李明性令李塨从其受学,即是明证)。他们批评习斋,是秉承"《春秋》责备贤者"之意。而另一类人的反对既有学术思想的分歧,更有对颜元"独行其是"的不满。尹会一曾说:

> 始予垂髫,每闻乡里间语及先生,辄有"颜圣人"之目。而学者则或笑或讪,或怒加诋毁,殊不解其所以。嗣先生与王业师会于塾。予从旁谛视,则貌古言庄;论议古今事,虽毫无假借,而心气自平。因私问于师曰:"颜先生有何遗行,而学者嫉之若此其甚也?"师云:"昔

---

① 颜元:《奠孝子王全四文》《佣者彭朝彦传》《笔工王学诗传》,第 548、478—478、480 页;钟錂(辑):《言行录》,第 640、647、654 页;李塨:《颜谱》,第 726 页。

恶无礼,今恶有礼。江河日下,小子安知?"①

这段回忆殊堪注意。尹氏所谓"乡里",乃与"学者"对举,似指普通百姓而言。如是,则当地社会上层和下层对习斋的评价可谓截然异趣。有关庶民怎样看待颜元的问题,第三节将做进一步分析。此处要指出的是,尹氏借塾师之口提出,颜元遭嫉的原由皆与"礼"有关:"昔恶无礼",是其目高于顶,行事乖张;"今恶有礼",是其志在从古,不肯谐俗。显然,习斋与反对他的读书人之间的隔阂,根源在于信仰,不是仅仅通过调整行为方式就可消除的。

颜元的看法可以放入明末清初"礼治社会"的思想运动中。这个运动的首要关怀是"以礼抗俗"。"俗"并非无"礼",但"俗礼"被认为受到释老二氏玷染,须以"古礼"代之。令颜元不安的是,对于社会上种种失"礼"行径,"愚民既莫之知,士子亦习而不察,间有能觉其误者,又不敢任主礼变俗之名,仍因循而惮改",遂至牢不可破。他强调礼为"治平"先务,不可掉以轻心。具体方式有二。一是通过基层组织进行劝化:

---

① 尹会一:《颜习斋先生墓表》,碑存河北省博野县北杨村颜习斋祠堂,清乾隆八年(1743)原刻,1917年重刻。又,此文收在郑文林(辑注):《博野县历代碑刻辑释》,自印本,无出版日期,第57页,略有脱文。据郑注,"王业师"名藜曙,清苑县贡生。

"自牌头教十家,保长教百家,乡长数(当作"教"。引者注)千家,举行冠、婚、丧、祭、朔望、令节礼,天下可平也。"二是重视精英的表率作用:"一人行之为礼法,数人从之为学术,众人习之即成风俗矣。"①一个"教"字(不是"讲"),一个"从"字,着眼点均是"使由之",而非"使知之"。

但颜元也并非不知变通,一味复古。他首先顾及时王权威,提出,若"国家制度"有明确"更定",即使不符古礼,亦当"遵行"。其次,有些俗礼虽未合"礼文",却合乎"礼意",就不能仅以今古为判,而须斟酌损益,择善而从,既不可"违俗以从礼",亦不可"违礼以从俗"。礼以"合于理"为原则,"非以苟异于俗也,亦非以礼自我出也"。要在"使神人各安,一人可行,人人可法,远不谬圣,近不悖王,斯可耳"。② 故他所说的"礼"是折中性的考量,既有"变俗"一面,亦有"从俗"一面。"礼"和"俗"并非不可共处的两极。

至少有三个因素促使颜元必须正视"俗"的力量。第一个是价值上的:既然儒学之道是凡常、平易、可行的,就不能远离庶民日常。他说:"夫子乃乡里、道路、朝庙之夫子也,其

---

① 王汎森:《清初"礼治社会"思想的形成》,收在陈弱水(主编):《中国史新论·思想史分册》,第361—392页;颜元:《明吊奠礼》,第574、575页;钟錂(辑):《言行录》,第669页。
② 颜元:《明吊奠礼》《居忧愚见》,第574、568页;钟錂(辑):《言行录》,第647页。

道乃乡里、道路、朝庙之道,学乃乡里、道路、朝庙之学也。"如果说"朝庙"是儒学传统行动空间的话,那么,"乡里"和"道路"这些平常环境,就赋予了孔子和儒学一种别样的意味。事实上,颜元一生不登庙堂,"朝庙"对他的意义可以虚化,因而我们不妨说,在他眼中,孔子主要就是一个"乡里"的圣人、"道路"的圣人。他一向信奉王阳明的名言:"与愚夫愚妇同底便是同德,与愚夫愚妇异底便是异端",并据此断言朱子提倡的读书静坐,是在"士农工商之业"之外别开一途——"是与愚夫愚妇同乎?异乎?"尤其是习斋时刻念兹在兹的"礼",用美国哲学家赫伯特·芬格莱特(Herbert Fingarette)的话说,乃是一种"'人际性'(man-to-man-ness)的表达",更不能不从众人所"同"处着手。①

另两个因素都是策略性的。一是为了避祸。他有次在途中偶遇蠡县知县,虽立刻"避人门下",仍使知县"回首谛视久之",令其想到:"吾人不言不动,犹的然致世别眼,况轻言妄动,焉能晦其明以求免乎?"另一个原因是传道的需要:拒人千里,也是为人所拒;一个人要移风易俗,就不能孤芳自赏,不与人同。颜元自三十八岁起,渐悟"不宜过峻以绝物"。

---

① 钟錂(辑):《言行录》,第 688 页(标点略有更动);颜元:《驳朱子分年试经史子集议》,第 565 页;赫伯特·芬格莱特:《孔子:即凡而圣》,彭国翔、张华译,南京:江苏人民出版社,2002 年,第 6 页。

四十七岁,闻王法乾责李塨交友不严,遂起而为之辩护:"吾二人不苟交一人,不轻受一介,其身严矣;然为学几二十年,而四方未来多友,吾党未成一材";而李塨"为学仅一载",就有人愿意追随其后,可知"水清无鱼,好察无徒"的道理真实不虚。至五十七岁,他更明确指出:"化人者不自异于人。"这些反省当然反映出其修养的进阶,但也有技术层面的考量。习斋认为:"方今孔子之道涂地,但有志者,即宜互相鼓舞,以相勉于圣道之万一。有八长而二短,姑舍其二;有八短而二长,姑取其二",乃至"奖人"亦不妨"常过其量",更不可一味求全。事实上,由于刻意"容众",晚年的颜元和王法乾在"交友"原则上分歧越来越大:王坚持必须"择交",颜则提倡不妨"节取"。①

这当然不是说习斋降低了对自己的要求。他仍认为,"吾人当于尧、舜、周、孔衡长短",惟也因此不必"卑之较论时辈"。然而讽刺的是,他的这一改变却招致有些友人的误会,认为他交人过"滥"。习斋则自具一番"苦心":盖自三代以下,"气数益薄,人才难得",有一技之长即不应弃绝。他在乡里治水,曾"驰寸纸"于蠡县某"恶人"。后者"立集夫五百名",随颜元赶赴工地,"限时不爽"。习斋感叹道,若自己平

---

① 李塨:《颜谱》,第 749、737、753、754、751、763、771 页;钟錂(辑):《言行录》,第 668、652 页。

素"鄙而远之",必将使"十乡为水国矣"。① 显然,在迷途知返后,颜元并未完全与那些不良少年一刀两断。虽然具体情形不详,但既能召之即来,则平日对之绝不止"不鄙而远之",而应更为积极;且与之往来,亦不应只此一例。只是此时的颜元不仅不再随波逐流,而且积极主动,有为有守,知"恶"而"善"用之,于处世之道已相当纯熟。②

颜元在传道过程中,也越来越倾向于放低身段,与世妥协,曾认真考虑过"以时文教人,借以明道倡学"的可能。六十二岁,他在漳南书院所设六斋,除"文事""武备""经史""艺能"外,亦置"理学斋"和"帖括斋"。后二者与其认定的正学

---

① 李塨:《王子传》,收在《李塨集》,第 1422 页;钟錂(辑):《言行录》,第 654 页。
② 埃里克·埃里克森提醒我们,英雄身边(曾经有过)的坏朋友,扮演了他的"反面认同"角色,投射了其性格中的邪恶面相。故颜元对这些"恶人",绝不只是策略性地"利用",作为一个"狂者",他在内心中对于他们身上的豪士气质不无赏识,甚至因此对孟子严分王、霸之界表示异议:"七雄以富强为主,此辈皆居腹心要路,只合包容任用,使之将虎贲,行吊伐,服农政,力沟洫,彼将乐我之得用,得比于周、姜、禹、稷矣。今日吾入门便诛次,彼又肯容我入乎!"事实上,颜元对自己能够指挥不良、知人善用的能力,是颇为自豪的。他六十六岁时,某把总来拜,辞去后,他问弟子:"汝今日见吾会武夫辞气乎?"弟子道:"异乎日矣。"习斋曰:"因事致礼,因人致对,窃有慕焉",又叹:"友人不知吾者多矣。"是年底,他又在日记中感慨:"思人使之才易,使人之才难。"显然,颜元骨子里并不是一个特别拘谨之人,出世亦颇知变通之道。然而,颜学之弊似亦在此。渐入晚年时的李塨曾言:"近闻习斋致用之学者,或用之于家产,或用之于排解,少不迂阔,而已流离(当作"杂"——引者注)霸矣。故君子为学,必慎其流。"以上,埃里克·埃里克森:《甘地的真理——好战的非暴力起源》,第 103 页;李塨:《颜谱》,第 786、787 页;冯辰等:《李谱》,收在《李塨集》,第 1730、1810 页;钟錂(辑):《言行录》,第 663 页。

乃是南辕北辙,习斋之意是要以之"渐引"学人入道,以免过于惊世骇俗。① 与早年的激昂意态相比,更可谓大相径庭。

二、共享"异端"文化

在习礼之外,颜元易俗活动的另一个重心是对"异端"的批判。他这样做不仅是在追随历代先贤的范例,也受其自身居乡经验的刺激。随着社会、经济的剧变,明末清初的宗教生活日趋活跃,在互渗互融的三教之外,各种新兴民间宗教如雨后春笋般兴起,影响力甚至一度深入内廷,亦曾被用作动员民众造反的工具,而河北正是这些教派的活动中心之一。颜元弟子钟錂曾愤愤指陈,乡民为"异端"所惑,"焚香聚会者,十百为群;男女杂遝者,夜以继日",教民之间的亲密关系,"逾于骨肉,而父母兄弟,反视若路人",严重动摇了伦常秩序。习斋亦在养祖父朱九祚传中,记载了朱氏参与平息明末当地民间教门暴动的事迹。②

颜元本人对这些教门也并不陌生。他平日接触的乡邻,

---

① 李塨:《颜谱》,第 774、761、778 页。
② 钟錂编:《颜习斋先生辟异录》(以下简称"辟异录"),第 614 页;颜元:《巡捕朱公行实》,第 583 页。

有不少是它们的信徒;他亲自目睹或耳闻的教门,如皇门会(皇门教)、皇天道、九门会、十门会、无为教、大乘教、龙华会、清茶会、归一教等,将近十种之多。他不但对这些异端组织加以激烈抨击,其锋芒所向,也涵盖了士庶间流行的其他民俗信仰,如文昌帝君、五龙圣母、财神、福神,以及扶箕、祭灶等行为。其中,他特别厌恶普通百姓家的"天地三界真宰之牌"和"家宅六位一主",视为人民"惑于异端大干法纪、大乱典章""狃于贪昧,甚为无稽、甚为无识"的明证。①

颜元熟察民情,深知这些教门信众并无多少真正的"好奇尚怪,聪明隐僻,大可乱世"之徒,"不过几个庄家汉,信一二胡诌乱讲之人,当就好事做"而已。他们不知加入教门是"犯王法,乱人道,得罪神明"的,亦无为非作歹之念,而是将之看作"修善"的法门。然而,这并未使教门的危险程度降低。颜元担心,民众的无知很可能会被别有用心者利用,起事作乱,酿成"黄巾、白莲之祸"。②

但颜元对教门的批判,也不只从治安角度着想。他认为,"邪教"的罪恶首先在其思想,而非行动。"天子奉天道以教万民",故"凡别名一门而叛天子之教者",即是"与天子争民",此"即宜诛,非为其聚众易危盗而始不赦"。最使颜元痛

---

① 颜元:《存人编》,第 140—145 页;钟錂编:《辟异录》,第 612、610、647 页;颜元:《与刘焕章论礼书》《祭灶神斋款》,第 452、581 页。
② 颜元:《存人编》,第 142、140 页。

恨者,是教门唆使信众"表上帝,礼三光"。在习斋看来,这是"以庶人而僭天子"之举,挑战了整个社会等级秩序与朝廷权威,无法容忍。① 他反复向人申说,祭拜的对象是有等级的,不可僭越:

> 即如你们唤日光叫"爷爷",月亮叫"奶奶"。那是天上尊神,我们是百姓,最小最卑,那可加以名号?你看,北京才有日坛、月坛,天子才祭的他,便是都堂道府也不敢祭,况我们愚民,每日三次参拜他做甚么?……又如你们把"日"改做"昫",把"月"改作"节"之类,也只说是尊日月,不敢冲犯之意。不知我圣人书上说:"非天子不议礼,不考文。"那官府行文都叫"日、月",没有改就"昫、节"的文。你们私议私改,是又一天子了,看是小事,却犯大法。②

---

① 钟䨱:《辟异录》,第 608、607、610、614 页。"以庶人而僭天子"是钟䨱的话,但意思无疑来自习斋教诲。惟其时多数人已不知此义,颜元自己也曾受刁包影响,在家设"道统龛",奉祀炎、黄、尧、舜等,后闻学友刘焕章(生卒年不详)言"士不得祀帝王",乃罢之;而专祀孔子,"奉如父母,出告反面,朔望、令节必拜"。后悟此亦非是,而改为岁祭。吕妙芬说,明清士人在家祭拜圣贤,是以与民间信仰或二氏相区分的"礼仪姿态"出现的,但颜元之所以放弃这种行为,恰因他意识到,这和"异端"原则并无多大区别。以上,李塨:《颜谱》,第 733 页;颜元:《春秋祭孔子文》,第 523 页;吕妙芬:《成圣与家庭人伦:宗教对话脉络下的明清之际儒学》,第 219—220、240 页。
② 颜元:《存人编》,第 142—143 页。

"天地、三光生长照临",万民所赖,理应礼敬,但"敬天"不是"祭天"。祭天是天子特权,"我等百姓"则"惟父母有来享之理"。身为庶民,必须安守本分:"我们愚民只可做庄稼,做买卖,孝父母,敬尊长,守王法,存良心,便是本等";教门"焚香聚众,妨你庄农、买卖,正是不安生理,正是作非为了"。① 最后两句来自明太祖圣谕六言("各安生理,毋作非为"),可见其配合官府的意识何等鲜明。

颜元注意到,教门诱众皆以"修善"为名。因此,对"善"的定义乃是正邪斗争的关键。随着劝善运动在晚明的兴起,"善人"一词也大量涌现。据梁其姿观察,其时所谓"善人"多为"有相当家财"的布衣,以"慷慨散财行善于乡里"著称,"已成为一种特殊社会人"。此外,"善人"一词亦往往具有一种宗教意味,即敬奉神佛之人——事实上,许多乐善好施行为背后的心理动力,就是善恶报应和神佛监临信仰。颜元深知此点,故虽对异端思想和组织的攻击不遗余力,对其信众则不无恕词。他曾孤身舌战一群"异教"信徒,辞锋甚厉,而又"宽之曰:'凡汝道人,也是心要为善,但不明乎善也'"。②

在为蠡县"善人"刘润九所作祭文中,颜元试图较为系统

---

① 钟錂:《辟异录》,第 610、611 页;颜元:《存人编》,第 145—146 页。
② 梁其姿:《施善与教化——明清的慈善组织》,石家庄:河北教育出版社,2001年,第 83—84 页;钟錂:《辟异录》,第 610 页。

地澄清"善人"的定义。他指出,由于"世教不明",人们对"善"的认识已经大为混乱:"碌碌耕夫,率指焚香佞佛、修寺缮塔为善人;即学士大夫亦不过指键户呫哔、不走时蹊、不预世事者为善士。"其实,真正的善行乃是"孝、友、睦、姻、任、恤,如周公、孔子所重三物中敦六行者"。而刘润九即是这种意义上的"善人":他热心公益,私德绝佳,最令人"心折"者,"尤在事亲能孝,事兄能悌"。颜元称他是自己"生蠢四十年"来"仅见"的一位"真善人"。故刘氏虽"诗书未亲",却无异于一位"真士夫"。在此意义上,其"又宁仅为一邑善人耶!"①

与异端的流行相比,儒教却难以深入百姓生活。颜元观察到:"今日淫祠遍天下村庄,曾不闻村庄有一夫子庙,惟国典令各邑有文庙一设而已。里巷之杰,辄以寺观不修,无僧道焚香为虑,至其子弟之不孝、不弟,顾不知忧。"令他分外痛心。他认为,造成这种局面,主要应由士人负责。他曾对教门信徒讲:"你们陷于邪说者深,初闻吾言,未必不怒。"但这"也与你们无干",因"你们本心是修善,我们儒者不自明其道,无人讲与你们听,不知如何是善,却差走邪路上去。我们殊深可愧也!"②

因此,习斋很重视面向庶民、童蒙的教育。他改窜《三字

---

① 颜元:《公祭蠡县善人刘润九文》《祭耆德宋赓休文》,第546—547、549页。
② 钟錂:《辟异录》,第603页;颜元:《存人编》,第145页。

经》成《删补三字书》,又因明人吕得胜(生卒年不详)、吕坤(1536—1618)父子的蒙学读物《小儿语》"以俚语入人心而善鼓舞之",将其改为《通俗劝世集》。为了劝人改归正道,他写下《唤迷途》,分别针对"不识字与主持云游等僧道""参禅悟道、登高座发偈律的僧人与谈清静、炼丹火、希飞升的道士""西域真番僧""名儒而心佛者""世间愚民,信奉妖邪,各立教门,焚香聚众者"发言立论。除了第四部分,其余均为白话,道理浅白显易,紧贴百姓生活,容易为人接受。"你们摆几碗豆腐凉粉,请甚么'玉皇大帝''东岳天齐''城隍''土地',我们听的大为寒心。你们摆下那东西,敢请县官否?县官且请不得,请许多尊神来做甚么?亵渎神明,罪必不赦,思量思量!"此话颇觉幽默,对习斋来说是极罕见的,故他自己也颇为得意,多次对人称说。①

颜元二十多岁时,曾说自己"所见乡里人耳"。② 此处"乡里人",既是地域意义上的,更是社会意义上的,亦即庶民百姓。此话虽属谦辞,却也是实录。此后他交游渐广,结识了不少前辈学人,眼界顿开,但活动范围大体仍在冀中一带,所见者仍以"乡里人"为主。无论是思想观念还是行事风格,

---

① 颜元:《删补三字书序》《通俗劝世集序》《存人编》,分别在第401、400页,第121—144页,第147页;钟錂:《辟异录》,第611页。
② 颜元:《寄祁阳刁文孝》,第430页。

习斋都深受河北民间文化的熏陶。因此,在劝说"异端"信徒时,他采用的叙事架构、思想理据、行事风格乃至修辞语汇,都与所要改造的对象之间存有高度相似。

如我已经指出的,《唤迷途》的含义很清楚:异端信仰的崇奉者已经误入歧途,需要有人将其唤回"家"中;而一个人也只有在"家"里才能尽享天伦,"心安意乐"。"归家"的比喻呼应了颜元一生中两个重要经历:一是他了解自己身世后,毅然认祖归宗;一是他以五十之龄,出关寻找离家出走四十六载的父亲,历尽千辛万苦,终于奉主而归。习斋将自己对家庭生活的美好向往推而广之,投射为整个人伦乃至宇宙秩序的构成准则,意味着他频繁使用的"归家"二字,既是实指,也是象征(参看第一章)。

有意思的是,一个同构的故事脚本也出现在晚明以降的民间教门叙事中。其时众多教派都有"真空家乡,无生老母"的信仰,认为世人皆是"无生老母(无生父母)"的儿女,不幸沦落在娑婆世界,迷失真我,历劫受难;只有返回"真空家乡(本分家乡)",才能彻底摆脱痛苦,享受极乐。由此,"归家"也成为这些教门的核心教义和终极目标。罗教经典"五部六册"就有不少这方面的表述。比如《苦功悟道卷·混元一体品第十六》:"离家乡,在苦海,万万生死。我如今到家乡,永不轮回。"《正信除疑无修证自在宝卷·布施品第十三》:"有智慧,参大道,归家去了。到家乡,永不散,永得团圆。在家乡,永团圆,无量寿限。到家乡,同聚会,快乐无边。"① 其他民间教派经典和佛、道二教著作中,虽未必使用"真空家乡,无生老母"的字眼,但类似说法也俯拾即是。

可以说,由"迷途"与"归家"构成的两部曲成为当时最为流行的一种叙事框架,为众多信仰体系提供了(常常是无意识的)思想原型。颜元用来劝说人们改宗的言论,实际上遵循了同一模式,甚至措辞都一般无二,只是双方所谓"迷途"与"归家",在运动方向上恰好相反而已。这当然未必就是因为颜元受到"异端"的影响,更可能的是双方皆受同一文化传统的熏陶——这从他们都看重"家(家乡)"、天伦等价值,将家庭生活描写得自足快乐等方面,可以得到清晰的认识。②

前边讲过,颜元试图与异端信仰争夺"善"的解释权,将

---

① 转引自郑志明:《无生老母信仰溯源》,台北:文史哲出版社,1985年,第84页;马西沙、韩秉方:《中国民间宗教史》,第207—208页。有关"真空家乡,无生老母"八字真言和罗教的关系,学界存在不同看法。或云二者无关;但多数人主张二者关系密切。前者如徐小跃:《罗教·佛教·禅学——罗教与〈五部六册〉揭秘》,南京:江苏人民出版社,1999年,第130、143页。后者如庄吉发:《真空家乡:清代民间秘密宗教史研究》,台北:文史哲出版社,2002年,第428—431页;马西沙、韩秉方:《中国民间宗教史》,第151—158页。

② 田海(Barend ter Haar)认为,晚明兴起的民间教门要求信徒对"同一个宗教家庭"的效忠,是和儒家的宗族理想相冲突的(《中国历史上的白莲教》,刘平、王蕊译,北京:商务印书馆,2018年,第239、284页)。这只是一个逻辑推论。事实上,一个虔诚的教徒未必会减弱他对宗族的效忠。在这方面,田氏似乎轻信了士大夫阶层的片面指责。

以混融三教为特色的劝善运动导向正统儒家的立场,但与此同时,他亦与劝善运动分享着一些共同观念。比如,后者的一个重要思想前提是相信功和过皆可累积。颜元也说:"为人日行一善,三年可千善。积善何难?人病不为耳。""积善"当然不是劝善运动的专利,传统儒家文献中亦可见到,但它成为人们的日常用语,还是靠了劝善运动之力;而习斋将"善"看作可以一件件计量结算的物事,更是受到劝善运动影响的明证。

在习斋的交游圈中,"报应"和"阴德"的观念也很流行。李明性曾教王法乾,要"阴行善"。法乾亦对李塨讲:"天报德亦报功,而功犹较著,可肘量而指算也。"李塨则信誓旦旦地说:"生平阅历,凡诚心周急好施,与竭力孝友,处舅弟群从,甘心忍让受其亏损者,子姓家业必发。"颜元的看法当然也不会有何不同。他还解释过为何行善不宜声张,因为一个人只能为一件善事得到一次报偿:"人之为善,得人之感报,人之称传,天不必报之矣;人之有长,而自表自见,天亦不必祚之矣。天之所祚报者,人不感称,自不表见,乃所谓阴德也。"[①]

报应观念亦被颜元用作讨伐"异端"的利器。他对一信教少年说,邪教"犯王法而获罪于天",故入其教者"多嗣绝而

---

① 冯辰等:《李谱》,第 1734 页;李塨:《李赠翁传》《衡水杜氏世德记》,均收在《李塨集》,第 1419、1491—1492 页;钟錂(辑):《言行录》,第 672、673 页。

灾奇"。在《唤迷途》中,他更是反复称说:

> 你们家下供佛的、供仙的,三世再无不得奇祸的,再无不得断宗绝嗣的,再无不得恶疾的。这是怎说? 他是忍心舍世的很鬼,他是无子无孙的绝魂,你们把那很鬼绝魂招到宅上,焉得不作祸? 焉得有子孙?……佛以覆宗绝嗣为好,你们敬他,以气相召,也叫你覆宗绝嗣,是必然的了。……你看你那师傅们,都被恶灾,都绝后了,你还不怕么? ……佛、菩萨、仙师,都是断子绝孙、不忠不孝之鬼,凡招这邪气在宅,自是不祥。①

报应观念在儒家著作中同样存在,如《周易·坤·文言》里的"积善之家,必有余庆;积不善之家,必有余殃",即是广被征引的思想资源。不过,习斋此处的思路是从结局之祸福逆推行动之善恶,更多还是受到佛教和民间宗教中因果观的影响。无独有偶,王法乾亦曾告人:"自古多男者"以周文王为最,故欲生子就要遵从儒家之教,佛教本是"无后之教",向其求子,"岂不益绝乎"? 钟錂记其乡里一位监生,虔敬神灵,"而卒以无嗣。无何,族裔争论此庙香火地,与马姓搆讼三十

---

① 钟錂:《辟异录》,第608页;颜元:《存人编》,第141—142页。

余年,财倾怨结,孰非此翁敬神所胚胎哉?"①

颜元和其友人、弟子都把"断子绝孙"当作信仰神佛的果报,显然认为这是最能打动听众心弦的论说。在他们那里,这不是一个论辩策略,而是真实信仰[这有助于说明颜元师生面对无后的痛苦(参看第一章)]。② 我们还可参看李塨自述:"予自弱冠,承父师志,编《日谱》考身心得失。独不乐观《感应篇》诸书,谓其言颇荒唐,且以徼福之心为善窒恶,已属私欲也。"但他年近不惑尚未得子,为此"日夜悬结不去怀,见贩夫佣保携孩童过,瞿然念其德行必胜我"。四十岁时,他决定强化自己的道德规范:

> 闻公庭呼暑声,心若割;主人来议催科刑名(时李塨作幕于浙江桐乡署中,故有此言。引者注),必语以宽大。日三复"小心翼翼,昭事上帝"之句。夜卧不庄,辄悚然而敛股;尝梦杂乱,方及半,遽惊曰:"兹不敬矣!"遂

---

① 钟錂:《辟异录》,第 613、611 页。
② 不过,冀中民间在这方面的认知逻辑远比颜元所持更为复杂。人们相信,神道可以为孩童提供必要庇护,惟到儿童可以婚配的年龄,就必须通过象征性仪式斩断他们和神灵的关联。这虽出自现代人类学的田野调查,但晚明清初,类似风俗应已存在。李塨四十九岁时,"某子病,将以巫为义母。问先生"。所谓"以巫为义母",似乎便指同一风俗。以上,岳永逸:《行好:乡土的逻辑与庙会》,杭州:浙江大学出版社,2014 年,第 162—163 页;冯辰等:《李谱》,收在《李塨集》,第 1804 页(标点微有改动)。

> 瘇。生平粗傲,深自惩。遇一微虫蠕动,避而行;或如
> 厕,践一生草,蹶然起。

此时"徼幸祸福心未尝敢存,而但觉实有神明来伺",果于是年冬月得嗣。①

善恶果报是劝善运动的核心理念,其中传嗣成功与否更是判断一个人行善绩效的重要指标。袁黄就在《了凡四训》中津津乐道,只要诚心行善,即可改薄命,登科第,生儿子,得富贵,享高寿。他又有《祈嗣真诠》一书,专讲得子之法,亦涉及改过积善的内容。事实上,此一观念在河北至今犹存。颜、李自居正统,当然不能接受以袁黄代表的通俗教化运动,但其言论表明,他们也不能全然摆脱时风波及,在不自觉处,甚至深受其影响。恕谷虽然自称密加修行工夫并非为了邀福,但此辩本身就难免"此地无银"之嫌,更何况其修行实践也与善书宣传口径密合。王汎森说他在"心理的最深层仍然相信善恶都会得到现世报应",与袁黄无异,是非常敏锐的观察,而这毫无疑问也适合习斋。②

---

① 李塨:《警心编序》,收在《李塨集》,第1376页。王法乾讲"天报德亦报功"那段话,也是为了安慰一直没有得子的李塨:"尊君德行,后嗣必昌,以诚卜也。"参看李塨:《李赠翁传》,第1419页。
② 袁黄:《袁了凡先生四训》,第6—9页;袁黄:《祈嗣真诠》,北京:团结出版社,2015年;岳永逸:《行好:乡土的逻辑与庙会》,第162页;王汎森:《日谱与明末清初思想家——以颜李学派为主的讨论》,收在《晚明清初思想十论》,第124页。

然而,颜元本人就没有子嗣。按照同样原理,是否意味着他的信仰也是错的? 史料有阙,我们很难知道习斋有何感想,甚至是否意识到这一问题的存在。但他周边的人们对此显然有所论议。尹会一在《颜习斋先生墓表》中说:"或曰:先生敦善行而不怠,胡艰于遇又艰于嗣,其君子之泽,不必五世乎?"应道出不少人的共同困惑。尹会一的回答是:"是数也,不足道。道其正,则先生殁后数十年来,海内英才有闻其名而生慕者,有读其书小试其经济而辄效者,则礼教之不泯,即道脉之常绵,较之子姓蕃衍于乡曲,而寂寞无闻者,其为轻重短长何如哉?"同样,李塨晚年丧子,方苞以为是其承继习斋之学,著述多诋朱子所致。① 锋芒不仅直指恕谷,亦波及习斋。可以想见,用"断宗绝嗣"的理由指责颜、李学非正途,在对他们感到不满的学者中应不少见,而习斋门下亦对此极为困惑,无奈只能如尹会一一样,将之归诸"天"命。②

颜元对于读书人崇拜的文昌帝君亦毫不留情,以为是二氏造来"欺弄文人"的伎俩,直呼为"妖"。但他对敬惜字纸一

---

① 方苞:《与李刚主书》,收在《方苞集》,第 140 页。此论令李塨弟子甚是愤慨(参看徐世昌[纂]:《颜李师承记》,第 8 页),李元度(1821—1887)亦以是为鄙陋之辞,写下《书方望溪与李刚主书后》(收在《天岳山馆文钞·诗存》,长沙:岳麓书社,2009 年,第 640—641 页)。
② 与此形成呼应的是,张履祥(1611—1674)尝劝吴仲木(1622—1656)循古礼葬亲,以致里民惊骇,而吴氏恰于此时生病,履祥生怕里人误认此是吴氏不守习俗所致(参看王汎森:《清初"礼治社会"思想的形成》,第 384 页)。可知即使特立独行之士,如有易俗之心,即不能不正视社会流行的报应观念。

类活动则充满好感,要求门人:"凡学堂街路,但见字纸必拾,积焚之,或不便,则填墙缝高处。"后来李塨所定《学规》,亦有同样规条。须知惜字活动本身就是围绕文昌帝君信仰展开的,与善书的流行亦有密切关系。① 颜、李虽似不明其间源流,但所述惜字规范,与文昌信仰的通行做法并无二致,对于后者显然毫不陌生。

除了在家设学,颜元亦偶尔外出(主要是趁行医之际)宣传自己的学说。五十七岁时,他毅然南下,历经冀南、豫北,出游近八阅月;所到处拜访名流,切磋学问,发抒己见,可谓其平生最重要的一次传教活动。在开封,他扮作游方之徒,"张医、卜肆以阅人",某日见一老翁自摊前经过,"骨甚健,异之,挽入座",攀谈之下才知是夏峰弟子张天章(生卒年不详)。二人论学久之,天章"体愈庄,容愈恭"。习斋"因指曰:'非夙用戒慎功,此容不得于人前矫强妆饰也,故一望识君。'天章悦服,抵夜乃去"。又有一次,他在街上偶遇一少年:

  颇异。问之,朱超越千也。约来寓,已而果至。问其志,愿学经济。乃沽酒对酌,与之言。已,提剑而舞,

---

① 钟錂:《辟异录》,第611页;李塨:《颜谱》,第743页;冯辰等:《李谱》,收在《李塨集》,第1736页;梁其姿:《施善与教化——明清的慈善组织》,第173—179页。

歌曰:"八月秋风凋白杨,芦荻萧萧天雨霜,有客有客夜彷徨。彷徨良久鸲鹆舞,双眸炯炯空千古,纷纷诸儒何足数,直呼小儿杨德祖。尊中有酒盘有餐,倚剑还歌行路难,美人家在青云端,何以赠之双琅玕。"翌日报一刺曰"吴名士拜",遂行。①

在商水,他又收服了"大侠"李木天(参看第二章)。这些故事都被李塨写入其年谱中,活龙活现,有若亲睹,读者则不难发现几分传奇色彩。② 不过,这也表达出我们前边已经提到的习斋气质中"豪杰"的一面。③ 近世华北民间教门领袖招徕会众,常以行医和习拳为诱饵——前者是传统的传教手

---

① 以上均见李塨:《颜谱》,第 760、769—770、772 页。
② 李塨自称其著《学射录》亦有一段奇特经历:先是,其学射久之,终"不能了然于心手间",又无人质问。"一日,忽有叟荷杖见过,衣冠甚伟,瞻视非凡。拜而问道,叩其姓名,不答,但自称异叟,言曾学道深山,技击皆精。夜半为我解衣击剑,因传射法。听而观之,豁然于心。叹昔所见闻者,皆一知半解、蔓语卮言也。无何黎明,飘然而去,不知所之。因录其射法,约略所讲授者为注"(李塨:《学射录》,收在《李塨集》,第 1035 页)。此老身份扑朔,绝类世外高人,又"自称异叟",正和《颜谱》讲到习斋和张、朱相遇时两次使用的"异"字互呼应。恕谷骨子里其实不无好"异",与其作为一个儒者刻意强调的"常"相映成趣,当然令人疑心,《颜谱》中这几桩故事是否有所夸饰,似不无可能。不过,衡以习斋平日言行,这些叙述即使真有几分夸大,也未扭曲其基本性格特征。
③ 对此,习斋的友人深有体会。刘焕章曾警告颜元:"贤豪恃聪明,欲驾驭英雄",但也可能在"不觉"中为"佞人"所误(李塨:《颜谱》,第 751 页)。习斋对待朱超(生卒年不详)和李木天的态度,与前述他利用"恶人"治河的举动一样,都出自这股要"驾驭英雄"的心理冲动。

法,后者则和华北风俗有关:自金、元以来,冀鲁豫民间就有练拳自卫的传统。武艺高强,在民间是一项极富具说服力的资本。此外,术士身份也深受宣教者青睐:占卜相面,泄露"天机",很容易招引信众。颜元扮作走方郎中和算命卖卜之人,①不动声色察访"异士"(仿佛身怀绝大秘密使命,然而并没有),更以高超武艺收服一代大侠,绝类民间文艺中传述的奇人高手,②而非阳明所言"愚夫愚妇"。

从颜元的某些用语中亦可察知民间文化的痕迹。比如他表扬刁包,"专要救济乾坤兄弟",即使大志不行,"却仍想着万世兄弟"。虽然子夏早就说过"四海之内皆兄弟也"(《论语·颜渊》),张载《西铭》亦有"民吾同胞"的名言,但"乾坤兄弟""万世兄弟"这样的表述,却更似出自教门和江湖中人之

---

① 颜元少年时就学习医术、数术和武术,李塨谓其学"自蒙养时即不同"。但这在明末河北读书人中并非罕见。习斋主张"风鉴、医、卜"亦同"农圃",都是儒者正当的谋生手段;且他自认"天惟食我以方脉、风水之谷",虽不无几分牢骚,态度却是严肃的。博野至今流传颜元出关寻父时,以算卦谋生的故事。他还以数术原理解说儒家经典,颇为郑重其事。而李塨就将"相地、方位、星卦"等一律视作"谬说",师生在此方面见解大异。以上,李塨:《颜谱》,第708页;钟錂(辑):《言行录》,第695页;颜元:《答陈端伯中书》《四书正误》,第461、172页;赵亮、孔繁浩(主编):《中国民间故事全书·河北·博野卷》(以下简称《博野卷》),北京:知识产权出版社,2011年,第118页;李塨:《弓翁静蕈纪略》,收在《李塨集》,第1481页。
② 习斋比武前与李言说经济,"木天是之",此"是"应为泛泛酬应之语;比试后又与之"深言"经济,木天遂"倾倒下拜",可见武术的说服力。又,习武者相互切磋,输者拜赢者为师,也是华北武林的规矩。参看周锡瑞(Joseph W. Esherick):《义和团运动的起源》,张俊义、王栋译,南京:江苏人民出版社,1995年,第57页。

口。此外,颜元在漳南书院主持祭孔奠礼,自称"保定府博野县奉教弟子",亦是儒林罕见之辞。按"奉教"二字多为承教、受教之意。今日冀中地区,乡土宗教信徒自称"行好的"或"行善的",而将基督教或天主教徒称作"奉教的"。① 我们虽无法确知习斋所谓"奉教弟子"源出何处,但它和"奉教的"一词都被作为与教门徒众区分的标示(惟一是自称,一是他称;且颜元绝不会把天主教和儒教相提并论),大概也非纯粹巧合,而是提示我们它可能受到民间习语的影响。

颜元尝云:"吾儒无一处不与异端反。"②但他和他那些误入"迷途"的乡亲之间共享的文化,显然要远超他自己的认定。习斋生长于县城小吏家庭,二十岁家道中落,由城返乡,日处农人间,耳濡目染,所受影响未必少于圣贤书的教导,只是自觉与否而已。值得注意的是,许多民间教门领袖和活跃分子,亦和颜元出自同样的社会阶层。如1774年山东清水教起义首领王伦(?—1774),本为衙门皂吏;1813年天理教起义首领林清(1770—1813),原为大兴巡检司书吏。他们了解官府,贴近细民,熟知他们的需要,算是"群众"里的"能人";若敢于冒险,又能说会道,很容易煽动人心,成为一股不

---

① 颜元:《读刀文孝用六集十二卷评语》《初至漳南书院释采孔子祝》,第508、526页;岳永逸:《行好:乡土的逻辑与庙会》,第33页。
② 李塨:《颜谱》,第733页。

稳定的力量。① 颜元与他们的选择虽是南辕北辙,但行动风格甚至宣教内容都不无神似,或可由此得到部分说明。事实上,与16世纪以来士大夫阶层批判民间教门的众多著作相比,颜元却罕见地忽视了这些教门的"下层社会背景"。② 也许正是在这里,颜元表达出他未必自觉的"阶级意识"。

三、圣贤与方士

颜元的特立独行虽然招来不少非议,但在志同道合者的眼里,却也别具一番魅力。他三十九岁时,一位秀才赠其"砥柱"之号,誉之为"汉、唐、宋以来一二人"。完县一位著名的孝子王学诗(生卒年不详),虽"目不识丁,而志学向道,闻名下士则师之",曾以六旬之躯,在颜元门外"长跪两昼夜,欲侍门下",习斋则因一向不喜"世之好师弟之名而无其实者",力拒不允。学诗归家,"力行朔、望哭奠诸礼,竟以疟逝",终于

---

① 颜元的养祖父朱九祚就是这么一位精明敏决之人(这从颜元为其所作传记中可以看得很清楚),只是他是属于效忠朝廷而非反叛的一方罢了。
② 关于晚明士大夫对民间宗教社会出身的"蔑视",参看田海:《中国历史上的白莲教》,第233页。颜元也有"豆腐凉粉"之类的嘲笑之辞,但他的语调是平和的,并未把社会阶层看作一个核心因素。

感动习斋,追认其为弟子。① 颜元在其追慕者心中,地位崇高,一至于斯。故虽讥毁不绝,而社会声望仍逐年攀升。

在颜元崛起的背后,有三大推力的作用。其一是河朔老辈如刁包、王余佑、张石卿、张公仪、李明性等。颜元自幼仰慕高士,弱冠即"博访"乡贤,事以父礼,恭敬有加,而他们也对习斋甚为器重,以致孙奇逢虽从未与之谋面,亦听人言,将之纳入"郡贤"之列。颜元三十六岁,蠡县名绅刘焕章"忘年爵来拜",加入他和王法乾的修身团体,要习斋"左提右挈,始终勿弃"。② 刘在明末曾任荆州兴山等地知县,时已年过五旬,主动折节,对于颜元在乡里威望的提升,作用自不待言。

其二是官府。颜元三十七岁时,蠡县教谕王心(生卒年不详)欲荐以"行优",知县单务嘉请其往见,皆被其拒绝;四十九岁,博野知县罗士吉(生卒年不详)派"差役来候"。不过这都还只是零星关注。一个关键点发生在其出关寻父之后。此举引发轰动,士人纷纷作诗撰文以志盛,蠡县、博野二令亦"亲临吊奠"。他随后守丧三年,"泣血骨立",孝子之名腾播人口。"蠡人士公举先生于县,将达道院上奏",有人为其"谋

---

① 颜元:《答齐笃公秀才赠号书》《笔工王学诗传》《奠孝子王全四文》,分别在第465、480—481、548 页。
② 颜元:《存学编》《答刘孝廉焕章书》,第 46、453 页;李塨:《颜谱》,第 731 页;冯辰等:《李谱》,收在《李塨集》,第 1753 页。

遍扬当道"。这些举动虽然都为习斋制止，但博野知县罗士吉、蠡县知县赵旭（生卒年不详）、直隶学使李应荐（生卒年不详）与直隶巡抚于成龙（1617—1684）都耳闻其名，"悬匾旌间"。御史许三礼（1625—1691）、灵寿知县陆陇其（1630—1692）、清苑知县邵嗣尧（生卒年不详）亦致函或请人引介，愿结交论学。此后习斋声誉日隆，历任博野知县皆"造庐拜见"。而颜元的表现也完全符合圣贤的标准：彬彬有礼，"受而不报"，拒绝与当道有密切往来。①

颜元的学友生徒逢人说项，四处揄扬，是树立习斋圣贤形象的主要推手。罗士吉就是听了几位友人的介绍而关注到颜元的，许三礼则是从李塨处了解到习斋学说。值得一提的是，在此过程中，官民之间亦有意识地彼此配合。官府知晓颜元之名，是通过民间的传扬；而官方要褒奖颜元，也需基层官吏和民意的合作。颜元寻父归来，李塨立刻"纠众公举颜先生寻亲苦孝"；"抚院两道"闻得习斋"贤孝"之名，"令县开行实"，亦由李塨写就上报。康熙六十一年（1722），颜元已物故十八年后，直隶学政陈世倌（1680—1758）"唤博、蠡教

---

① 李塨：《颜谱》，第 736、755、760、764、765、781、786 页；颜元：《上本庠王广文书》，第 445 页；王贽：《颜习斋寻父诗》，收在钱仲联（主编）：《清诗纪事·康熙朝卷》，南京：凤凰出版社，2004 年，第 1027—1028 页；李塨：《和王献甫咏颜习斋寻父十首》，收在《李塨集》，第 1598—1600 页；钟錂：《习斋先生叙略》，第 619 页。

官,传二县士子,公举颜先生入文庙乡贤祠",更是清楚揭示出"官意"与"民意"的相互借用。① 即使士林另有异见,在官方和"舆论"的双重压力下,亦会噤口不言。

李塨在为颜元暮年所收弟子王源所写传记中说:颜学一直"传闻不出里闬",及至"王子来学,渐播海内。如吴涵(? —1709)、万斯同(1638—1702)、王复礼(1632—?)、郭金城(生卒年不详)、方苞、谢野臣(生卒年不详)、陶窳(1657—1719)、恽鹤生(生卒年不详),以名宦闻人,传布其说,而道日益著"。此是恕谷谦语。事实上,对于颜元声名外播贡献最大者,正是李塨本人。他一生奔走,或口传,或赠书,尽力传播习斋学说。有很多人都是通过他才得知颜元之名的。康熙辛巳(1701),李塨入京,"持周孔三物四教之学告人……一时传为创论。凡海内有声士,无不过从者"。按照方苞所说,经过李塨、王源的努力,习斋名气远超北地其他学者。② 不过,其信仰者主要还在河北,亦偶有从周边如河南等地来者。至于其在江南的传扬,主要靠恽鹤生之力。虽信仰者始终不

---

① 李塨:《原任户部郎中闰公易莽墓志铭》《赠衡水刘生序》,冯辰等:《李谱》,均收在《李塨集》,第 1431、1390、1754、1838 页。
② 李塨:《王子传》《给陈秉之学院书》《冯先生传》《委摄四川仁寿峡江两县知县陈君墓志铭》,冯辰等:《李谱》,均收在《李塨集》,第 1423、1415、1417、1433、1822 页;方苞:《刁赠君墓表》,收在《方苞集》,第 375—376 页。

多,却令颜、李门下欢欣鼓舞。①

颜元弟子对老师崇仰有加,不免将其神化。在李塨所作的《颜谱》中,开篇就是一段神迹:颜母"孕先生十有四月,乡人望其宅,有气如麟,忽如凤,遂产先生。啼声甚高,七日能翻身"。又,其"手纹生字,掌红润,舌有文曰'中',足蝉翅文甚密,其言中行洁之象乎!"这些描写同样出现在钟錂、王源笔下。叙述传主生时异象,在圣贤传记中并不罕见。但李塨自称谨守习斋之教,"一字不为镘饰"(参看第一章),故此处所述,应该来自民间传闻(见下文),而绝非习斋自道。② 众所周知,麟与凤皆为孔子象征,故"有气如麟,忽如凤",是直白地把习斋比作孔圣再世。③ 有关体纹的记录在传统文献

---

① 李塨言:"皋闻(恽鹤生。引者注)来北,习斋已逝,谬闻于塨而南。数年前书来,云:南中是颜先生之学者得四人。"查所开名单,为是仲明(1693—1769)、章见心(生卒年不详)、许闻绣(生卒年不详)、孙子房(生卒年不详)。寥寥无几,且其是否全心服膺,亦未可必,但李塨已不胜欣喜,谓"习斋之道南矣"。以上,李塨:《孙生日记序》,冯辰等:《李谱》,均收在《李塨集》,第1467、1843、1847页。

② 这当然不是否定,颜元的弟子们对老师形象的塑造,在相当程度上也继承和发挥了习斋本人所认证的自我形象,比如,他们显然很明白,"居丧"一事在颜元学术和生命历程中的意义,而这也理所当然来自颜元自己的叙说。

③ 李塨:《颜谱》,第707页;钟錂:《习斋先生叙略》,第619页;王源:《颜习斋先生传》,第701页。清末民初以遗民自居的刘声木(1876—1959)亦注意到"李塨诸人奉颜元为圣人",称为"悖谬乖戾,颠倒是非,淆乱黑白,肆无忌惮"之举。不过,他的真正锋芒是指向其时热衷提倡颜李学派的徐世昌,所谓"尊颜李,即所以尊天津(徐世昌。引者注)"也。《苌楚斋随笔续笔三笔四笔五笔》,北京:中华书局,1998年,第72、129页。

中常被用来"预言与印证"一个人的"身份与命运";①李塨则从习斋的舌纹、足纹中读出"言中行洁"之象,对其一生德行做了一个总结和鉴定。此外,颜元行孝引发的种种异象,也是其弟子们津津乐道的话题。②

颜门弟子将习斋视同孔圣,在日常言行中亦有不少流露。钟錂曾"梦登孔子之堂,观颜、曾诸贤讲习礼乐",隐隐然有以颜门为孔门之意;习斋南游,"国之桓请从",元"以其年老家贫子幼辞之。对曰:'吾敢逊子路乎!'"自比子路,即是将颜元看作夫子。李塨说,只有少数"首出"之人才算得上万物之"灵","尧、舜、汤、文"是"灵而在上者","孔、孟、颜习斋"是"灵而在下"者。③ 明确把颜元和孔、孟并提。钟錂编《颜习斋先生言行录》,分作上、下两卷共二十篇,除首篇《常仪功第一》外,余均取篇首二三字为题,无论篇数还是篇题,皆刻意仿效《论语》,甚至连某些细节都亦步亦趋。

前边提到,尹会一言其自髫龄起,即耳闻"颜圣人"之名。

---

① 范丽梅:《言者身之文——郭店写本关键字与身心思想》,台北:台湾大学出版中心,2017年,第10—11页。
② 如,二十九岁,养祖母朱媪刘氏"病剧,先生祷神求假寿,跪伏昏仆,忽闻空中声若大鼓者六,病顿愈"。又,颜元为父守丧,"室前槐叶为之枯黄,丧复常,乃更荣"。分见李塨:《颜谱》,第715页;钟錂:《习斋先生叙略》,第619页。这一类由孝行引发的异象,在时人论述中可谓俯拾即是。
③ 钟錂(辑):《言行录》,第671页;李塨:《颜谱》,第768页;李塨《人说》,收在《李塨集》,第1464页。

王源也说:习斋"动必遵古礼,老而弥笃,乡里有圣人之目"。① 按,《颜谱》四十二岁:"正月,保定府阎经略鸣泰之裔,有妇人被妖魅,符箓驱之莫效,其妖自言一无所惧,惟畏博野颜圣人。是时先生与王法乾,人皆以'圣人'称之。专价来聘,先生谢不往;又力请,力却之,恐虚传招祸也。"②如是,此号出现甚早。事实上,颜元四十一岁致人函中已有王法乾即"今蠡人所称为王圣人者"之说。以二人相交之密,及蠡县和博野距离之近,有"王圣人",即当有"颜圣人"。而颜元自己也知道此号的存在,颇感到几分道德的压力。《颜谱》六十五岁:"三月,思言行不相顾,即欺世也;使路人指为圣人,而一德未立,一行未成,即盗名也;见祸于天,受侮于人,不亦宜乎!"③"使路人指为圣人"一句,显然不是忽如其来,无的放矢。

不过,他们所说的"乡里"究竟是何人——士人群体,里巷庶民,抑或兼而有之? 按照尹会一的说法,士大夫似较下

---

① 王源:《颜习斋先生传》,第705页。
② 李塨:《颜谱》,第745页。就在此条下,紧接着的一条是:"有求文者,谢以仪,却之。语门人曰:君子贵可常,不贵矫廉邀誉。……吾之却此,有谓也,不可法也。"(同页)这里我们再次看到,颜元的行事风格从早年的高标立异转向平易通达,同时也有助于我们进一步理解他之所以要谢绝驱妖的意义:"恐虚传招祸",即是习斋"贵可常"的表现;因渗入驱妖一事,即是非"常",又有"邀誉"之嫌,自然是颜元所不愿意的。
③ 颜元:《与高阳孙衷渊书》,第455页;李塨:《颜谱》,第784页。

层民众对颜元有更多敌意,但前边的论述表明,习斋拥趸虽人数有限,但深获官方支持,势力不可低估,而在明代中期以后,士林已有"动辄尊人为圣"的风气。① 故"颜圣人"和"王圣人"应是当地士、民通行的称呼。②

不过,颜元"圣"在何处,大家的看法并不一样。在其弟子看来,其师近乎"全能",学术与笃行俱称"当世第一人"以至"秦后第一人"。有些官员如鄢城知县温德裕(生卒年不详)刊刻《存性》《存人》《存治》三编,陈世倌读过《四存编》后,称习斋为"传道大儒",皆对其学术表示认可。③ 但有更多的人将颜元的行事与思想一分为二。如方苞一方面肯定"其艰苦卓绝之行,实众人所难能",一方面又指"其本指欲外程、朱而自立一宗,故知道者病焉"。④ 大多数官员对颜元的态度也近乎此类。如前所述,他们密集表彰颜元,是在其寻父壮

---

① 张艺曦:《阳明学的乡里实践:以明中晚期江西吉水、安福两县为例》,北京:北京师范大学出版社,2013 年,第 76—77 页;赵园:《易堂寻踪:关于明清之际一个士人群体的叙述》,北京:北京师范大学出版社,2013 年,第 38 页。
② 郑文林先生提示我,在博野乡间,至今仍有德行高尚者被呼为"圣人"。
③ 李塨:《颜谱》,第 796、797 页;李塨:《赠衡水刘生序》,收在《李塨集》,第 1390 页。但温德裕刊印《三存编》,独独遗漏了最能代表颜元治学独到心得的《存学编》,似乎不无深意。大约同时,李塨也主持了习斋著作的刊印,而且亦只选了三种,题为《三存编》,但他未取的是《存治编》,这大概是因为《存治编》是颜元学变前的作品,李塨认为它不能完全代表颜元的学术水准。《存治编·书后》,第 118 页。
④ 方苞:《刁赠君墓表》,第 376 页。

举之后,侧重于行的意图极为鲜明。①

事实上,孝行确是各方在颜元那里所能寻到的最大公约数。普通士庶对习斋刮目相看,就是在其为养祖母治丧期间的举动(参看第一章、第二章);第二年,他即被蠡县"士民"公举"贤孝"。② 习斋的朴实笃厚,在相当程度上矫正了其怪异举止给人带来的偏见。之后,随着"颜圣人"的形象逐渐树立,民间围绕颜元的论说更开始向神异方向转变。除了前边提到的出生的神话外,又如《颜谱》中那个妖魅独畏"颜圣人"的传言,就和其时许多志怪情节如出一辙,而读者对其要表达的含义也心知肚明:邪魔畏惧足以证明习斋的正直。

不过,要想听到更多"乡里"的声音,我们还要到口碑资料中寻找。20 世纪 80 年代,博野县文联曾搜集颜元传说 147 则,其中 66 则冠以《颜元轶事》的总题,收录于《中国民间故事全书》的"博野卷"。③ 这些故事起于何时,又怎样流传下来,今已难知,但它们反映的都是已经"成圣"的颜元形象(故其中反复出现"颜圣人""颜圣"的称呼)。其中一部分

---

① 清人为颜元所写传记往往首先揭出寻父一事,如永瑢等:《四库全书总目》,第822页;李元度:《国朝先正事略》,第949页;赵慎畛:《榆巢杂识》,第22页。
② 李塨:《颜谱》,第725、730页。
③ 2008 年,中共博野县委宣传部编印有《颜元在博野》一书,收录了其中的 62 个故事,内容基本相同,有一则是同一故事的不同版本。

不难在文献中找到印证,或者根本就脱胎于颜、李的著述,几乎是对习斋学说的"准确"改写;有些不乏拔高成分,某些表述(如"死抱孝的僵尸""程朱理学这具僵尸")和主题(如反对迷信、愚孝和妇女守节等),明显可见 20 世纪新思潮的影响。① 这些故事都经过地方文化人较多的润饰,甚至不无今人"创作"的可能。② 但也有一部分传说中的颜元形象,与其本人观念相距较远,甚或背道而驰,虽然也经过了文墨之士的整理,但在修辞和思想方面似都保留了更多的"民间风味",其出现时间绝不会迟于 20 世纪,可以让我们更多地看到"民间自发"的理解。③

这些故事的主题不外以下几个方面:一是褒扬颜元的品行,如宽容大度、与人为善、勇于改过、不慕虚华、表里如一、不肯奉迎权贵等;二是对其学术思想的阐发,主要是排击佛

---

① 《颜元轶事》,收在赵亮、孔繁浩(主编):《博野卷》,第 91、143、129 页。
② 如,前述妖魅惑人事就被描述为,颜元之所以不答应女家请求,是因不愿"装神弄鬼"。他断言这只是"气迷心窍所致,哪里是什么妖孽附身?"后来,他还是出于慈悲之心去医好了病人,却被传说为"神通广大,法力无边,神鬼皆避",而他"听到后,仰天叹道:'世风竟如此也,我颜某真是想不到呀!'"(赵亮、孔繁浩[主编]:《博野卷》,第 131 页)极力渲染颜元反对迷信,很明显地将其"现代化"了,而在李塨原来的记载中,习斋并不认为妖魅附体是假的,他只是不愿过多招人注目而已。
③ 需要声明的是,我并非暗示,在某一时期,"民间"对颜元的理解是完全不受官方和读书人影响的。事实上,从一开始,作为一个"圣贤"的颜元形象就是精英认知与民间认知互动的结果。我这里使用"自发"这个词,只是一种相对意义上的描述。

老和理学,尤以后一主题居多;三是渲染习斋的智慧与技艺(如医术和武术);此外,也有个别故事描绘他怎样受人敬重。故事所透露的其乡人对颜元的印象,有些定为习斋所喜闻,比如称赞他为人宽和的情节,表明他在自我修养方面的努力获得了乡人认可。①

但也有很多故事对颜元的认知明显违背了其本人意愿。比如,习斋虽不喜与官场往来,亦不至拒之千里,更不会去戏弄他们;他可能会说读书人变成了"书呆子大傻瓜",却绝不会骂他们是"兔子王八"。颜元念兹在兹的"习"的观念,在故事中被理解为拔草、放驴、耕田、灌园一类农事活动,②其真正在意的"礼"却全无影踪——前文讲过,在其乡人眼中,"习礼"像是"演戏",更近乎"呆子"和"傻瓜",而非圣贤所为。颜元放弃科考,本为追求"成圣",故事也另有解说:这是因他在赶考途中遇到了一个被"陈世美"抛弃的"秦香莲",预见当官必使人丧尽天良,乃毅然撒手功名。这和戏侮权贵的故事一样,都体现了下层民众对有权有势者的不信任,而颜元本人

---

① 本段和以下两段,《颜元轶事》,收在赵亮、孔繁浩(主编):《博野卷》,第141—142、144—145、135—136、123—124、124—126、109、74—75、93—94、145—147、96、58、59—61、63、64、120—121、147—148、149—150 页。
② 这当然也都不是向壁虚构,而是有所本的。李塨《颜谱》四十五岁(第 750 页):"客有见先生扬场者,异之。先生曰:君子之处世也,甘恶衣粗食,甘艰苦劳动,斯可以无失已矣。"不过,在由颜门弟子执笔的《年谱》等传记性文件中,这类事迹并不多见。

几乎从未表达过这类感想。

尤其引人注目的是,颜元在许多故事中都以智者形象出现:不但文武双全,无所不擅,而且"知前预后,善晓阴阳",有时会赠人锦囊或隐语,预先给人提供帮助。他曾以头发泼墨,熄灭了几天之后别处的一场大火。这大概跟他懂点数术有关,但所要传达的信息正和颜元本人的理想胡越相左。这些故事告诉我们,在庶民百姓看来,"圣人"不仅应德行高尚、知识渊博,还得"料事如神",甚至会点"巫术"。比起一个循规蹈矩的端方之士,他更应像一个方士。一位县令从颜元留下的几句迷语中寻得线索,破获了一桩奇案,不由感慨"颜先生真乃圣人",就清晰地将这层意思揭示出来。而这种"知前预后"的本领,不仅用来服务公益,也被用来保护家财——很可能,后者更令乡党感到艳羡。[1]

乡民对圣人想象中的方术维度,在有关李塨的传说中表现得更加鲜明。《中国民间故事全书·河北·蠡县卷》收录

---

[1] 表达这一主题的故事《树是我栽的》,另有一个版本,叫《这地是我的》(张晓笠[主编]:《颜元在博野》,中共博野县委宣传部编印,2008 年,第 52 页),细节有异,但结构和主题完全相同。而蠡县的民间故事中,也有一则几乎一模一样的传说,叫做《这棵树是我的》,只是主人公成了李塨。此外,习斋轶事中另一个保护私财的故事《遗嘱》,也以《刨坟》的题目在李塨传说里出现(两则故事均收在解新占[主编]:《中国民间故事全书·河北·蠡县卷》,北京:知识产权出版社,2013 年,第 11—12、12—13 页)。可见民众对于保护私财是何等挂怀——对于弱势群体,这无疑至关重要,何况保定府本是清初满人圈占的核心地区之一。

了十二则李塨故事,除一则讲李塨怎样惩罚一个为富不仁的财主外,其余全部带有神异色彩,描述李塨如何"上知天文下通地理,还能观其相,知人富贵吉凶";"神通广大,能观云测天、呼风唤雨"等。通过这些故事我们知道,李塨也有"李圣人"之称(可知明末清初的乡里"圣人"何其多也)。① 与《颜元轶事》加入了许多"思想解放"的成分不同,李塨故事中"圣"的意味轻(按照儒者的标准看)而"神"的意味重,更接近我们常见的民间传说。这意味着,对于普通百姓而言,"神"和"圣"是难以分割的,或者说,"神"是"圣"之为"圣"的一个要件。②

和任何一种社会记忆一样,这些故事所保存的颜元记忆,亦是在一个已经成型的叙事架构中运行的,这个架构预设了人们对某一类型事务/人物的理解。成圣之人首先要符合人们对圣人的预期。在此意义上,民间流传的颜元形象与其本来面目有多大差异并不重要,重要的是,它们展示出习斋的乡亲怎样按照自己的认知,打造出一个新的颜元。"颜圣人"在里人心中地位崇高,但他和颜元本人的追求并无多

---

① 解新占(主编):《中国民间故事全书·河北·蠡县卷》,第9、15、10页。又,李塨故事中有一则《研墨成云》,和《颜元轶事》中的《泼墨救火》相同。
② 岳永逸在研究冀中乡土宗教的著作中指出,"作为信仰对象的'神'与'灵验'精密相连,与'圣'则关联甚少"(《行好:乡土的逻辑与庙会》,第313页)。本文的讨论表明,越出"乡土宗教"的框架,从更近于日常生活的角度考察乡民,问题或可能呈现另一面。

大关联,其主要功能是寄托庶民的理想和价值观。习斋念念不忘,要做到"如愚"地步,可是庄户人家并不需要多一个"愚夫愚妇",他们要的是能够帮助他们实现自己无法企及的愿望(无论是通过实际还是象征的方式)的"圣人"——那是属于他们的圣人。一个人不会因为"平凡",而只能因为"不凡"而成圣,这不是颜元的思想。因此,"颜圣人"既是民众对颜元的"神化",又何尝不是对他的"驯化"?

因为史料不足,我们很难判断,究竟是什么力量促成了颜元在里人心中从一个"狂夫"变为一个"圣人"。那么,在其成圣之后,人们之前对他的负面品评是否会随之消失呢?未必。《颜元轶事》中有两则故事,都借康熙皇帝之口,以开玩笑的口吻将颜元称作"颜疯子"。[①] 这令我们想起王法乾一度有过的"风""癫"之名,而习斋亦可能得到过同样的称号。河合隼雄曾说,在神话中,凡是"不适合出现在英雄形象上的特征",多以"英雄身边的动物属性来展现"。[②] 这些故事里的"疯子"一词,似乎承担着同样的功能。自然,此二字未必就是贬义,甚至可能还流露出一种亲昵意味;但也未必就是称允,至少在态度上并不算端庄。它更可能是把乡人对颜元的某些不满,以玩笑方式表达了出来;而说这话的人高高在

---

① 《颜元轶事》,均收在赵亮、孔繁浩(主编):《博野卷》,第 128、136 页。
② 河合隼雄:《童话心理学》,第 148—149 页。

上,远离乡里,既意味着乡人对颜元的否定,在心理上将他驱除出他们的社区,却又借着"金口玉言"再次肯定了这一评价。"圣人"与"疯子"一体两面,揭示了百姓对颜元认知的多元与暧昧。

这也提示我们:颜元教化乡里的努力收效如何?在颜门弟子的记录中,不乏"异端"信徒听了习斋劝诫后幡然改悟的例子,但实情要复杂得多。习斋临终前自勘一生功过,就老实承认其"化族"效果不彰(参看第一章)。更能说明问题的是,颜元于"卒前遗嘱子孙,以习斋为门人公聚学习之所",题曰"习斋学舍",供奉其神位,"晨兴设祭"。每年二月、八月的上辛日,弟子们"公集致祭",讲习学术。此事坚持二十余年,后因"学舍渐圮",习斋后人又"遭祲岁,鬻其舍之前半",以致"四方同人至者不能容,难以周旋骏奔",遂由李塨于蠡县东庄"别建习斋祠堂"。① 颜元故居不保,固因其后人穷苦,但亦可想见颜氏族裔对待习斋未必有太多敬重。本族犹且如此,何况外人?事实上,民间传说中将颜元加以方士化这一事实,已经表明其教化乡里的成效是相当有限的。

康儒博(Robert Ford Company)曾据彼得·布朗(Peter Brown)研究基督教圣徒传的心得指出,要区分两种圣徒传

---

① 钟錂:《辟异录》,第 612 页;李塨:《年谱》,第 792、797 页;刘调赞:《道传祠记》,收在《李塨集》,第 1484 页。

记:一种是,"它的主人公本质上'像我们',是供人们模仿的(或者说听众听到这些圣徒的故事之后会想去模仿,而不论圣徒传作者的意图是什么)";另一种是,"圣徒根本'不像我们',是不可模仿的,仅供人们庆祝、赞美"。① 那么,当里人讲起"颜圣人"的时候,他们赋予颜元以何种情调——是可以"模仿",抑或只能"赞美"? 习斋本人当然希望是前者。但事实是,普通百姓几乎未把他看作可以效法的对象,更多时候只是用他来寄托自己的主张,实现自己无力达成的梦想,甚至不排除单纯娱乐的可能(比如讲述颜元戏弄权富的故事)。那有如诸葛亮一般的智者加方士的形象,恰是习斋本人极力避免的。在这些故事中,圣人和常人之间的差距是天生的,无法通过人为努力来填补。他们不准备成为"第二个颜元"。

颜门弟子提供的颜元形象当然更近事实,也更合乎儒家对"圣贤"的定义,但它同样是按照预定的叙事框架进行的。李塨曾批评李颙年谱"载躬行实践之事少,而当道表彰之事多",无法让人了解其真正的风貌。② 那么,他对于如何展示习斋形象,必有充分考量。同理,钟錂模仿《论语》编纂《言行

---

① 康儒博:《修仙:古代中国的修行与社会记忆》,顾漩译,南京:江苏人民出版社,2019年,第19页。
② 李塨:《复王丰川书》,收在《李塨集》,第1399页。

录》,也非突发奇想。圣人的謦欬謦笑全在《论语》之中,习斋既踵接其后,自应以之作为蓝本。他因此将其师置入了真正的"圣人"之列。不过,和庶民百姓的认知不同,习斋弟子虽然也部分地接受了习斋的神化,但其意在强调他的超凡魅力(charisma),并不因此认为其道路不可追随。这样一种"神圣性",和方士的"神异性"有着根本差别。对于他们来说,习斋是"我们"中的一员,要取得他那样的成就,当然是迥乎其难,但他的道路是可以并且应该追随的——这正是颜元本人的立场,也是颜李学派成立的前提。在这一点上,他们一直遵循着宋儒以来的共识:"学圣是又难又不难。"①

四、结论

儒学是入世之学,儒者不是隐修之士。希圣希贤是个人选定的事业,也是一个儒者与其周遭环境的互动过程。即使是被虚化在背景中的无名小卒,亦会以自己的方式参与圣贤的创造,而不只是一个等待被教化的消极角色。然而,以往的思想史研究多将精力放在少数士人的沉思、写作

---

① 吴天墀:《试论宋代道学家的思想特点》,收在《吴天墀文史存稿》(增补本),北京:北京师范大学出版社,2016年,第188页。

和自我训练上,社会史家则侧重考察士大夫推广教化的措施与途径,对他们身边那些不够"杰出"的人常常视而不见。这当然是受制于史料之不足,但也与中国政治和士人传统中仅有"教化百姓"而无"了解百姓"的兴趣有关。① 由于忽略"被教化者"的声音,有些著作给人的印象是,士大夫举措一出,民众影从。但事实当然不会这样简单。② 基于此,本文尝试在一个人际互动的环境中考察一个儒者的作圣行动及其后果。

如同大量研究指出的,明代中叶以后,成圣成贤的理想极大普及,成为一股强有力的社会思潮(颜元本人就是望风兴起的一位)。但与许多成果展示(或暗示)的那种"大家一起来作圣"的情形不同,大多数民众(包括士人在内)对此并无浓厚兴致,许多立志者亦很难从其所在社群获得鼓励。如同颜元、王法乾等人的例子那样,他们反而因此陷入蜚短流长、讥笑嘲讽。这些情节在许多名贤杰士的传记里都不难看到,即使被民间认为"能和下层群众真诚交往"的李塨,在现

---

① 侯旭东:《从田园诗到历史——村落研究反思》,收在《北朝村民的社会世界——朝廷、州县与村里》,北京:商务印书馆,2005 年,第 4 页。
② 除了颜元的例子,又如肃宁令黄世发事:黄"好教民生计,出门或乘马,或肩舆,左右顾,谆谆嘱民以力田栽树,积桑纺织,孝亲敬长,教子睦邻。民初听之甚服,久而以为絮语,亦不之遵也。又好讲圣贤名理,在肃宁定三、六、九日聚诸生讲书会文,邻封至者多有,久而人亦玩之"(《观察黄公传》,收在《李塨集》,第 1483 页)。"久而以为絮语""久而玩之",应是大部分教化活动的结局。

实生活中也很难逃脱乡人"杂然"之议。① 当然,在很多时候,这些描写只是一种固定的修辞格式,用以凸显主人公的苦志卓行,未必是对事实的准确摹绘;但一种修辞格式的出现,仍是以大量同类社会现象的流行为基础的,否则说服力从何而来?因此,成圣观念在基层社会的影响力其实相当有限,儒家理想与庶民生活之间依然存在鸿沟,下层百姓对官方和士大夫所热衷的"礼下庶人"工程也缺乏足够的热情。

作圣者特立独行,亦令"无知细民"深感隔阂。袁枚注意到:元、明以后,"束天下而崇宋儒",高才之士不以为然,私下论议,时有"过激"之举。"人见其激也,又群惊为奇服异民,而莫敢近焉。"②这说的活脱脱就是一个青年颜元(实际当然不是)。颜元习礼,在乡邻看来就是"拏腔做势",可知这远离

---

① 《颜元轶事》,收在赵亮、孔繁浩(主编):《博野卷》,第 141 页;方苞:《释言》,收在《方苞集》,第 519 页。
② 袁枚:《高守村先生传》,收在《小苍山房诗文集》,上海:上海古籍出版社,1988 年,第 1304—1305 页。袁枚还在其志怪集《子不语》(或名《新齐谐》)中讲过李塨故事:"李刚主讲'正心诚意'之学,有日记一部,将所行事,必据实书之。每与其妻交媾,必楷书'某月某日,与老妻敦伦一次'。"(《子不语》,上海:上海古籍出版社,2012 年,第 280 页)。其实,此事很可能是促狭者的编造,而袁枚素来不喜道学岸然之貌,信以为真,以为是无比荒唐的行径,当然不会轻易放过嘲讽机会(若此事真有,则在李塨一方,必以为修身谨饬之举,且很可能发生在其求嗣期间)。

他们的日常,难以为之接受。① 事实上,若我们站在普通百姓角度考虑,演礼既非"做庄稼",又非"做买卖",与其所批判的读书、静坐又有多大区别?因此,他做程朱信徒时,"日静坐八九次"而"谤毁交集";抛却朱学,改由习礼,依然如此。可知在习斋看来具有根本意义的学术转向,对"愚夫愚妇"来说并无两样。民间传说中的习斋多以务农形象出现,而对其演礼活动从未一提,显然不是没有来由的误解。

同时,颜元的遭遇表明,"教化"绝非只是精英对大众的单向施教,而是双方的相互影响。正是乡里的疏远,促使颜元反思自己为人处世的不足,从矫激高亢转趋平易冲和。显然,在一个善于"反求诸己"的儒者那里,面对他人的"教化"和面对自身的"修养",是一个连续的、无法分割的、相互促进的过程。同时,我们也可以看到乡里百姓对于"教化"的一种"反—教化"的反应——我所说的"反—教化",既有"反对教化"之意,也有"反向教化"之意。将这种态度表现得更加清楚的,是民间故事对颜元形象的修改:表面上,颜元在其中依

---

① 刘永华对明代以来福建四保"礼仪下乡"的研究,特别强调了"仪式表演"的重要性。正是通过下层士绅与乡民对儒家礼仪表演的观摩,朝廷与士大夫支持的"高级文化"及其政治势力才得以向基层延伸,而对有志迈入"士绅"群体的"庶民",学习成为礼生也是一门"必修课"(《礼仪下乡:明代以降闽西四保的礼仪变革与社会转型》,第76、89—92页)。四保民众对"仪式表演"的态度,和颜元的乡亲们恰好相反,或与两地政治、文化条件的差异性有关。

然保留了教化者的地位,但他的宣教方式和所讲之理,都与他的实际主张相去甚远乃至截然反对。乡民按照自己的价值观塑造了一个颜元,顺便对现实中的颜元轻轻说了个"不"。而同样的事情也发生在李塨身上:恕谷四处教人要"戒奇异",反对"假鬼神,好玄虚,说梦幻",尤不喜"六壬奇门、南宫剑客"的怪谈,①但传说里的他却几乎成了一个道士!通过这种方式,庶民百姓树立了自己的行动主体位置,重新界定了"圣人"的内涵,也重新规划了"施化者"与"受化者"的关系。

不过,颜元和其邻人的差异,亦不宜过于强调。他成长并生活在华北基层,所受乡土文化的影响,深刻而持久。他虽竭力划清儒门和"异端"的边界,但他的安身立命之处,实与"异端"信徒共享着同一块土壤。而也正是这种共性使他最终能为里民所接受,只是他自己始终未曾觉悟至此。在这种意义上,他既误解了自己,也误解了乡邻:他只是尽力做得"如"愚,却从未真正了解他身边的这些"愚夫愚妇"(他要李植秀"暗然自进,不令人知",就是这个意思)。尽管常把"我们愚民"四个字挂在嘴边,他却从未真正接受自己作为其中的一分子。在内心深处,他是一直属于"化人者"那一边的。

---

① 李塨:《富平赠言》,收在《李塨集》,第 1456 页。

实际上,颜元之所以能够安守"乡人本分",在很大程度上就是因为他的根柢是乡土性的,这也造成了其思想辐射范围的局限。李塨在流连北京时,曾对王源说:"壖滞都门,实非所乐",但要传播习斋之学,便不能不忍受离乡之苦:"挽世警众,必在通衢。僻谷引吭,其谁闻之?"① 师生二人的传教策略不无差异,跟他们的出身、经历、志向和眼界都有关系:李家是当地世家,恕谷受到更多的士大夫文化陶养。他明言不愿做个"乡党自好"之徒。② 比起习斋,他的见识更为广阔,也更加精英化,眼界当然不同。事实上,正是这些差异的存在,造成颜、李学术思想上的许多微妙区别,惟那已超出本文议题,不能赘述了。

颜元一生以"作圣"为使命,在某种程度上,也可算是如愿以偿。但一个人立志成圣是一回事,是否被大家认可是另一回事。什么样的人才能被认为"圣人"? 或者说,"圣人"是什么样子的? 颜元的例子告诉我们,这个问题的答案虽不至言人人殊,但也不止一个。习斋学派的追随者对他的认知,与乡里人家口中时常提起的那位"颜圣"之间的差距,决不可

---

① 冯辰等:《李谱》,收在《李塨集》,第 1784 页。王源也意识到:"北方学者多闇晦,寡交游,著述亦不传于天下。"其"持高节,抱经世大略,负绝学,不愧通儒,而名不出乡里固多也",表明对其有可能"湮没而无传"的担忧(王源:《李孝悫先生明性传》,收在钱仪吉[纂]:《碑传集》,北京:中华书局,1993 年,第 3698 页),与李塨这里的思虑是一致的。
② 李塨:《献陵彭太君挽诗序》,收在《李塨集》,第 1377 页。

以道里计,真可谓一个"圣人",各自表述。通常认为,"圣贤"观念是中国文化的一项特色,或谓其代表了"中国'人'的理想形态",犹如希伯来文化中的"选民"、希腊和印度人心中的"英雄";① 亦有人将其与基督教传统的"圣徒"制度加以比较。② 不过,从本文所述迹象来看,对不同的人而言,这一"理想形态"仍是多元的。可是,话说回来,谁又能说,大家"各自表述"的不是同一个习斋?

---

① 金克木:《文化三型·中国四学》,收在《中国文化老了吗?》,北京:中华书局,2016 年,第 267 页。
② 黄进兴:《"圣贤"与"圣徒":儒教从祀制与基督教封圣制的比较》,第 91—147 页。

附录一
颜元年谱简编

本表系就李塨《颜习斋先生年谱》(中华书局《颜元集》本)删改而成,重在勾勒习斋之生平行事。个别字句有所改动,于正文引述较详者多有节略,标点亦偶与原文不同。

明崇祯八年（1635）

三月十一日卯时，先生生。

明崇祯十一年（1638），四岁

先生父去关东。自此，音耗绝。

明崇祯十五年（1642），八岁

就外傅吴洞云学。洞云，名持明，能骑射剑戟，慨明季国事日靡，潜心百战神机，参以己意，条类攻战守备事宜二帙。时不能用，以医隐。又长术数，多奇中。

清顺治二年（1645），十一岁

始学时文。朱翁侧室杨氏生子晃。

清顺治三年（1646），十二岁

母王氏改适。

清顺治五年（1648），十四岁

看寇氏丹法，遂学运气术。

顺治六年(1649),十五岁

娶妻不近,学仙也。

顺治七年(1650),十六岁

知仙不可学,乃谐琴瑟,遂耽内。又有比匪之伤,习染轻薄。朱翁为先生谋贿入庠,先生哭不食,曰:"宁为真白丁,不作假秀才。"乃止。

顺治十年(1653),十九岁

从贾端惠(贾珍)先生学,习染顿洗。而朱翁以讼遁,先生被系讯,作文倍佳。端惠喜曰:"是子患难不能乱,岂凡人乎!"未几入庠,讳邦良。讼解,因思父,悲不自胜。

顺治十一年(1654),二十岁

讼后家落,遂返乡,日费尽责之先生,先生身任之。耕田灌园,劳苦淬砺。初食蒺秋如蒺藜,后甘之,体益丰,见者不以为贫也。与乡人朱参两、彭恒斋、赵太若、散逸翁父子友。

顺治十二年(1655),二十一岁

阅《通鉴》,忘寝食,遂弃举业。虽入文社,应岁试,取悦老亲而已。

顺治十三年(1656),二十二岁

元日,望东北四拜父,大哭恸,作《望东赋》。以贫,为养老计,学医。

顺治十四年(1657),二十三岁

见七家兵书,悦之,遂学兵法,究战守机宜。尝彻夜不寐,技击亦学焉。

顺治十五年(1658),二十四岁

始开家塾,训子弟。名其斋曰思古,自号思古人。谓治不法三代,终苟道也。举井田、封建、学校、乡举、里选、田赋、阵法,作《王道论》,后更名《存治编》。自彭通处得读薛瑄(1389—1464)、王阳明、蔡清(1453—1508)书,并知孙奇逢、刁包行迹。深喜陆、王,手抄《要语》一册。渐为人治疾。

顺治十六年(1659),二十五岁

三月初六日,将之易州岁试,生子,名之曰赴考。与王五修订交。

顺治十七年(1660),二十六岁

得《性理大全》观之,知周、程、张、朱学旨,屹然以道自任。虽躬稼胼胝，必乘闲静坐，人群讥笑之，不恤也。入京应秋试，寓白塔寺椒园。与僧无退谈，勉之以归人伦。

顺治十八年（1661），二十七岁

先生昼勤农圃，夜观书史，至夜分不忍舍。得识刁包，入祁拜谒。归立道统龛。

康熙元年（1662），二十八岁

与郭敬公等十五人结文社，立社仪。至日夙集，同拜孔子四，起分班，各据所闻，劝善规过，或商质经史。讫，乃拈题为文。

康熙二年（1663），二十九岁

朱翁及侧室杨子晃，与先生日有间言。先生奉翁命，与朱媪刘别居东舍，尽以南王、滑村民田让晃。与王法乾交，为日记，十日一会，考功过。

康熙三年（1664），三十岁

正月四日，王法乾来答拜，约十日一会。质学行，劝善规过。三月，与王法乾为日记。四月，行家礼。六月，与王法乾纂洒扫、应对、进退仪注，作勺诗舞节。闰六月，朔望偕妻行礼,已而夫妻行礼。同王法乾访五公山人,问学。十一月十三日,子赴考痘殇。

康熙四年(1665),三十一岁

元日,书一岁常功常仪于日记首,此后逐年酌定。二月九日,访李明性,问学。明性勉法乾、先生变化气质。十二月,往见张石卿,得闻气质新说。访吕文辅,文辅言:"四书朱注有支离者。"先生时宗程朱,皆不然之。

康熙五年(1666),三十二岁

二月,定日记每时勘心,纯在则○,纯不在则×,在差胜则○中白多黑少,不在差多则黑多白少,相当则黑白均。三月,看《纪效新书》。七月,入京秋试。拜寻辽东人,求传寻父报帖。

康熙六年(1667),三十三岁

四月,先生书"李晦翁(李明性)王法乾"六字于笔筒,每坐一拱,敬对之。养一朱族子,名之曰讱言。

康熙七年(1668),三十四岁

二月十四日,朱媪病卒。先生拟以为父出亡,宜代之承重。行礼尽仪。七月病。先生以祖母恩深,且恸父出亡,不能归与敛葬,故过哀病殆。朱氏一老翁怜之,语其身世。先生大诧,往问嫁母,信,乃减哀。时晃唆朱翁逐先生,先生乃请买居随东村,翁许之。先生居丧,一遵朱子家礼,觉有违性情者,校以古礼非是,著《居丧别记》。兹哀杀思学,因悟周公之六德、六行、六艺,孔子之四教,正学也;静坐读书,乃知程、朱、陆、王为禅学、俗学所浸淫,非正务也。十一月十一日,夜梦养子文庙用火香点主。

康熙八年(1669),三十五岁

正月,著《存性编》。觉思不如学,学则须习,更思古斋曰习斋。二月十四日,行忌祭,大哭,思父益恸哭。二十一日,迁居随东。春祭,倩晃办而佐之。时先生虽知身非朱氏,而念翁媪抚养恩,又以翁性厉,未敢质言也。自移居,每出无所告,反无所面,即怅然。晨盥后无所谒,辄悲楚。乃议立父生主。七月,学习数,自九九以及因乘归除,渐学九章。十月,学习冠礼。十一月,著《存学编》。定自力常功,日记时心在则○,不在则●,以黑白多少别在否分数。多一言则♂,过五则⊗。忿一分则♂,过五则⊗。中有×,邪妄也。十二月,邑士民以先生居丧尽礼,将举贤孝。先生自引不德,力止之。

康熙九年(1670),三十六岁

正月,学习书、射及歌舞,演拳法。刘焕章闻先生学,忘年爵来拜。入会,力涤夙习,立日记,以圣贤相规勉者几二十年,至卒不懈。闰二月,迎朱翁养于随东,复事祖常仪。夜出溺,朱翁曰:"披吾裘,不裤可。"对曰:"出门如见大宾,脱披裘不裤,敢见大宾乎?孙夜出必衣冠具也。"曰:"溺室中如何?"对曰:"不敢露体。"先生时知父为博野颜氏,而不得其乡,乃往博野访之。寻至北杨村,果其父乡也。先生悲喜泪零,族众欢留,次日乃返。三月朔日,始不往谒朱氏家祠,朱翁祭拜,仍随之。五月,著《会典大政记》,摘《大明会典》可法可革者,标目于册。罢道统龛所祀炎帝、黄帝等,专祀孔子。以刘焕章言,士不得祀帝王也。七月,朱翁子晁,唆翁百计凌虐先生。益小心就养。十月二十九日,立父生主,刺指血和墨书牌。出告反面,晨参,朔望行礼,一如在堂。十一月,访王介祺(五修)。

康熙十年(1671),三十七岁

正月,内子言:"隐过不可记。"先生曰:"恶!是伪也,何如不为记?"学习士相见礼、祭礼。从王法乾学琴。四月,习恭,日日习之。十七日,思习礼一人亦可,乃起习周旋之仪。凡习礼以三为节,转行宅巷,必习折旋。习卜,备遁行及朱翁终寻父资也。七月,蠡县教谕王心举先生行优,先生达书力辞。邑令单务嘉请见,不往。与张公仪论学,张深以《存性》《存学》为是。十二月三十日,以父名立祖神主。自此,日记书朱翁、媪,称"恩祖"、"恩祖妣"。

康熙十一年(1672),三十八岁

三月,与陆桴亭(世仪)书,论学。闰七月,近思吾与斯人为徒,若贻我以情,款我以礼,不宜过峻以绝物也。九月,先生以王法乾遭妻、子凶变,遂耽庄周《南华》而惰正学也,乃告以止会。十五日,祭孔子,自是,每季秋致祭。十一月,王法乾来,悔过,请复会。十二月,王法乾曰:"兄遭人伦之穷,历贫困之艰而不颓,可谓能立矣。"盖是时,先生尽以朱氏之产与晃,且代偿其债百余缗,而晃又欲夺其自置产,屡兴变难也。

康熙十二年(1673),三十九岁

正月,室人不用命,罚之跪,至二鼓谢过,乃命起。二月三日,同会人至曲阜,五日,祭孔子庙及墓。四月五日,朱翁卒,先生治丧尽礼。先生本族叔父羽洙来呼归宗,先生求俟毕葬终丧。五月,投呈于县,转申学院,求归宗。批:"许归宗。"乃将让产后,凡存朱氏物尽还之。令养子切言亦归宗。十一月十五日,哭奠恩祖考妣墓,以出馆博野杨村告。又哭招亡子赴考之魂,令从而西。十九日,杨村颜氏族人来迎先生归,复为颜氏。朱族及刘村、随东各乡诸亲友饯送,或于村首,或至蠡城,或及杨村,皆哭泣不忍别。

康熙十三年(1674),四十岁

阖族供清明祭于墓,先生奉族长命,立族约。四月五日,率家人入蠡,祭恩祖考妣于墓,告以归宗。易吉服,延朱晃及朱氏族长、贤者共俊,遍拜辞。先生既归宗,谋东出寻父。值三藩变,塞外骚动,辽左戒严,不可往,日夜凄怆。九月,修家谱。买田氏女为婢。

康熙十四年(1675),四十一岁

时及门日众,乃申订教条。闰五月,托束鹿任最六访父,以其为商于关东也。九月五日,率门人习射村首。

康熙十五年(1676),四十二岁

正月,保定府阎家妇人被妖魅,其妖自言惟畏博野颜圣人。专价来聘,先生力却之,恐虚传招祸也。日功增:抄天文占法,读《步天歌》。六月,题日记面曰:"学如愚。"

康熙十六年(1677),四十三岁

萧九苞问曰:"复井田,则夺富民产,恐难行。"先生曰:

"近得一策可行也,如赵甲田十顷,分给二十家,甲止得五十亩,岂不怨咨?法使十九家仍为甲佃,给公田之半于甲,以半供上。终甲身,其子贤而仕,仍食之,否则一夫可也。"

康熙十七年(1678),四十四岁

抄祁州学碑,刻洪武八年颁学校格式。因念三代后无此学政,亦无此严法,谁实坏之?九月,会李因笃(1632—1692)于清苑,论学。十二月,以今岁觉衰,书一联曰:"老当更壮,贫且益坚。"

康熙十八年(1679),四十五岁

正月,李塨等来拜,问学。二月,谓门人曰:"天废吾道也,又何虑焉?天而不废吾道也,人材未集,经术未具,是吾忧也。"因吟曰:"肩担宝剑倚崆峒,翘首昂昂问太空。天挺英豪中用否,将来何计谢苍生。"客有见先生扬场者,异之。先生曰:"君子之处世也,甘恶衣粗食,甘艰苦劳动,斯可以无失已矣。"

康熙十九年(1680),四十六岁

正月朔,丑时兴,隐然见一乌衣矮人。已祭祖考,父生牌忽跌仆如稽首状,疑父已逝矣,大恸。自此,于父生位前供箸馔,以神人之间事之。先生自二月买石氏女为侧室,以身有疾未纳,女痴且颠,为媒欺也。至四月,让媒氏返之,得原金。六月,媒转鬻之旗下,先生悔之。七月,李塨闻,往谏,先生以为己过,尽出原金,赎女归其父,不责偿。九月,博野乡者谋公举先生贤能,先生力沮之。

康熙二十年(1681),四十七岁

养同高祖侄为子,名之曰尔檥。时李塨与张文升共学韬钤,先生每入蠡城,则商酌彻昼夜。偕塨习礼,教之曰:"旋转贵方圆,唱礼贵高亮。方圆又贵中节,高亮又贵有谨慎意。仆尝谓:'呼弟子及奴仆,声音亦宜庄重,而忌凌傲也。'"十月,约李塨以月之三、五日会,质学。先生从不入寺,不与僧道言,至是悔曰:"如此何由化之?此即褊狭不能载物之一端也。"

康熙二十一年(1682),四十八岁

正月,李明性设谷日之筵,先生作《谷日燕记》。思古学教法,开而弗达,强而弗抑。又古人奖人,尝过其量。吾皆反此,不能成人材,不能容众。自今再犯此过,必罚跪。七月,著《唤迷途》。九月,与塨订规约,以对众不便面规者,可互相秘觉也。云:"警惰须拍坐,箴骄示以睛,重视禁暴戾,多言作

嗽声,吐痰规言失,肃容戒笑轻。"

康熙二十二年(1683),四十九岁

四月,博野知县罗士吉差役来候。闰六月,纳所买田氏女为侧室。

康熙二十三年(1684),五十岁

初志寻父,以事恩祖不遂。及归宗,值天下多故,又思为父母立一血嗣乃出,耽延数年,今不及待矣,遂决计寻父辽东,不得则寻之乌喇、船厂诸处,再不得则寻之蒙古各部落,再不得则委身四方,不获不归。四月八日,只身起行,如关东寻父。十七日,入京,刻寻父报帖,贴四城门及内城各处。对人言则泣,人聚观则叩首白,求代寻,来报重谢之。斧资取给医卜,亲友馈赆亦受之。六月至奉天府,散布州县寻父报帖。逢人则流涕跪恳,与之报帖,求其传布。四出寻觅,日祷父信于神明。

康熙二十四年(1685),五十一岁

三月四日,沈阳有银工金姓者,其妇见先生报帖类寻其父者,使人延先生至家,问先生寻亲缘故。先生泣诉,妇惊泣曰:"此吾父也。"先生乃详问父名字、年貌、疤识,皆合。因相

向大哭,认为兄妹。先生又出,遍访父故人,言如一。四月朔,奠告奉主归,只身自御车,哭导而行。凡过大水、桥梁、城门,必下而再拜祝告。沟渠、徒杠、庄门,车上跪祝,或俯车秘祝乃过。五月五日,至博野,至宅安主。十三日,葬父生主于祖兆。

康熙二十五年(1686),五十二岁

正月,先生以丁忧不易服应考,因弃诸生。笔工王学诗来执贽,先生不许。长跽两昼夜以请,先生曰:"吾恶夫世之徒师弟名而无其实者,汝今居大母丧能从吾,丧礼行再来受子矣。"乃去。四月十二日,行忌日奠。博野知县罗士吉具牲来吊祭成礼。先生往县谢,致胙二方,望署门稽颡拜而还。

康熙二十六年(1687),五十三岁

三月八日,母卒,大哭服吊衰。行医于祁州,济贫,且欲广成人材也。罗令悬匾表先生门。许酉山(三礼)致书于先生,论学。十一月,过安平,可诩言劝先生以时文教人,借以明道倡学。先生曰:"近亦思及此。"

康熙二十八年(1689),五十五岁

正月,增订常功常仪。新为却疾求嗣计,增夜中坐功。

谓张文升曰:"如天不废予,将以七字富天下:垦荒,均田,兴水利;以六字强天下:人皆兵,官皆将;以九字安天下:举人材,正大经,兴礼乐。"二月,李塨拜习斋为师。三月知养子有隐疾,不能嗣,且有室变,大忧。旋以命自解,乃谋养孙为后。四月,学使李应荐、蠡县知事赵公旭,俱遣人悬匾旌间,赵兼有馈仪,先生受而不报。时蠡人士公举先生于县,将达道院上奏,国之桢亦谋遍扬当道,先生力止之。刁包子刁静之言灵寿知县陆陇其求先生所著书,清苑知县邵嗣尧欲相见。八月,直隶巡抚于成龙使来,悬匾旌间,先生受而不报。

康熙二十九年(1690),五十六岁

正月三日,养族孙保成为孙。一日行容恭,因思刘焕翁,谓门人曰:"予当恭庄时辄思刘焕章,矜庄时思吕文辅,坦率时思王五修,恳挚时思陈国镇,谦抑时思张石卿,和气包括、英气愤发时思王五公。嗟乎,使诸友皆在,其修我岂浅鲜哉!"

康熙三十年(1691),五十七岁

正月,名保成曰重光。三月十六日,南游中州。经安平、深州、顺德、安阳、浚县、夏峰、延津、开封、杞县、上蔡、商水、鄢陵、淇县、汤阴、临城等,遍访名士,论学或合或不合。在上

蔡与张仲诚(1630—1712)及其门人辨学近一月,终不能同。十月五日返里。

康熙三十一年(1692),五十八岁

谓李塨曰:"予未南游时,尚有将就程朱,附之圣门支派之意。自一南游,见人人禅子,家家虚文,直与孔门敌对,必破一分程朱,始入一分孔孟,乃定以为孔孟、程朱判然两途,不愿作道统中乡愿矣。"七月,录《四书正误偶笔》,皆平日偶辨朱子《四书集注》之误者。至是,命门人录为卷。

康熙三十二年(1693),五十九岁

阅宋人劝其君用晓事人,勿用办事人,叹曰:"官乃不许办事耶?晓事者皆不办事耶?愚谬至此,不亡得乎?"李植秀问曰:"张仲诚学术错,先生亦时称之,何也?"曰:"辨学不容假借,若其居官廉干,自是可取。吾尝谓:'今日若遇程、朱,亦在父事之列。'正此意也。"十二月,与尔俨言致用,以税本色、均田为第一政。

康熙三十三年(1694),六十岁

二月、十月,肥乡郝文灿公函两请先生主漳南书院设教,先生辞。

康熙三十五年（1696），六十二岁

四月，郝公函三聘，请主教肥乡漳南书院，乃往。五月四日，抵屯子堡。议书院规模。建正厅三间，曰"习讲堂"。东第一斋西向，榜曰"文事"，课礼乐书数、天文地理等科。西第一斋东向，榜曰"武备"，课黄帝、太公及孙、吴诸子兵法，攻守营阵，陆水诸战法，并射、御、技击等科。东第二斋西向，曰"经史"，课十三经、历代史、诰制、章奏、诗文等科。西第二斋东向，曰"艺能"，课水学、火学、工学、象数等科。门内直东，曰"理学斋"，课静坐、编著、程朱陆王之学。直西曰"帖括斋"，课八比举业，皆北向，以应时制，且渐引之也。比空二斋，左处傧价，右宿来学。七月朔，行学仪毕，又教弟子舞，举石习力，先生浩歌。八月十六日，以漳水愈涨，书斋皆没，叹曰："天也！"乃旋。十二月，著《宋史评》，为王安石、韩侂胄辩也。博野知县徐公国绶，造庐拜见。

康熙三十六年（1697），六十三岁

二月，思宋人但见料理边疆，便指为多事；见理财，便指为聚敛；见心计材武，便憎恶斥为小人。此风不变，乾坤无宁日也。七月，定兴刘菜旂甫，刊先生订改王应麟《三字书》。

康熙三十七年（1698），六十四岁

三月八日，忽长吁自愧，必有隐忧不自觉者。思千古无暴戾之君子。四月，思诸子不及门，吾即无学习，亦是无志。遂独习士相见礼，如对大宾。思宋儒如得一路程本，观一处，又观一处，自喜为通天下路程人，人亦以晓路称之。其实一步未行，一处未到，周行榛芜矣。十二月，李植秀请专志于礼，先生曰："善。刚主在浙学乐，俊射粗可，修已学律，希濂学书，赏白及俨数俱可用。近法乾大奋于礼，汝又佐之，六艺备于吾党矣，予何憾？勉之。"

康熙三十八年（1699），六十五岁

为植秀、钟錂言，用人自乡约保长，与州县吏胥同禄，更代任用。三年，乡里公课其功德而上之邑宰，邑升府，府升监司，监司登之朝，以至公卿。四月十八日，王法乾卒，先生恸哭，为之持缌服。朔望祭礼俱废。闰七月，李塨自浙来见，规先生以无念有念，无事有事，总持一敬之功质。先生乃书"小心翼翼，昭事上帝"二语于日记首，日服膺之。以衰病不能理他功，惟常习恭。十一月，博野知县杜公开铨，造庐拜见。

康熙三十九年（1700），六十六岁

一日习恭，喟然叹曰："天置我于散地二十有八年，曾不

切劘我矣。"植秀问曰:"何也?"曰:"困抑不若在蠡之甚,左右共事不若在蠡之才,忽忽老矣,是以叹也。"谓李命侯曰:"法乾卒,良友中再无以圣人相责者。"遂泣下不已。十一月十八日夜,就榻矣,闻子弟樵还,复出围坐,成一联云:"父子祖孙幸一筵共乐;渔樵耕牧喜四景长春。"

康熙四十年(1701),六十七岁

正月,李塨弟李培从学。五月,曹乾斋刊《存学编》。八月,李塨将入京,先生曰:"道寄于纸千卷,不如寄于人一二分。北游,须以鼓舞学人为第一义。"十二月,曹乾斋寄所刻《存学编》至。或言,盍走书谢之?先生不可,曰:"吾二人不识面,渠以明道也,非以为我也,何谢?"后有问学书至,乃答之。

康熙四十一年(1702),六十八岁

三月八日,忽思少年最卑污事,因思张仲诚言:"鸢飞戾天,一敛翅即落地。"岂不信乎?自今,不可任此身颓衰,须日日有工程,但择老力可能者为之耳。思宋儒之学,南误张仲诚,西误李中孚(李颙,引者注。下同),北误王法乾,皆天生秀杰,可为斯人立命者。误常人之患小,误秀贤之祸大。錂侍,请曰:"刚主曾请于师,以习斋作千秋公所,门人恭祀师

主,集则讲习其中。先生可手书一纸。"先生许之。

康熙四十二年(1703),六十九岁

六月,大兴王源,价埑执贽从学,先生辞不受,固请乃受之。次日,率源祭告孔子,行释菜礼,评其《省身录》,勉以迁善改过。源问刀法,告之。一日,曹可成观天象,言寅时东方见黑云,似雨兆,然不大。次晨果微雨。先生曰:"若可成者,可与传瞻天之学矣。"九月,祭孔子。先生见学堂礼器礼位,乃知诸子自习礼也,钟錂盖倡之,私喜。

康熙四十三年(1704),七十岁

与门人言博、蠡修河法,曰:"北人只思除水患,不思兴水利,不知兴利即除害也。"曰:"吾事水学,不外分、浚、疏三字,圣王治天下亦只此三字。"五月,坐场中,觉脊骨俯屈,振起习恭。八月二日夜,梦中大哭父,阖巷皆闻。二十五日,寝疾,李植秀、钟錂俱来侍。二十七日,起冠。张智吾曰:"病何必冠?"先生曰:"卧则脱,起则冠,固也。"九月二日辰,令燂汤沐浴。先生谓门人曰:"天下事尚可为,汝等当积学待用。"申,命自学舍迁于正寝。酉,卒,面貌如生。十二月六日,葬于北杨村西祖兆。

附录二
颜元交游人物表

颜元交游者不一,本表收录范围以本书正文中所及者为限,侧重于其人与习斋的交往,当世名流如孙奇逢、陆世仪、李颙、李因笃等不录。外此尚多,读者有意,可参阅《颜李师承记》等书。

陈国镇（生卒年不详）

名之鋐，直隶涿州人，鹿善继弟子，宗王学，七十岁犹能"关弓鸣弦"。颜元于寻父途中曾拜访之，及奉主而归，陈率子侄通衢吊奠。后请颜为家人医病，尽礼款待。癸酉（1693），颜元著有《哭涿州陈国镇先生》。

刁包（1603—1669）

字蒙吉，号"用六居士"，门人私谥"文孝先生"，直隶祁州（今河北安国）人。明天启七年（1627）中举，学宗程朱，最服顾宪成。入清不仕。著有《潜室札记》《用六集》《易酌》《四书翼注》《辨道录》等，辑有《斯文正统》。行世以孝名。顺治十八年，以母寿征习斋诗。二人遂相识。颜元"父事者五人"之一，《颜元集》中有《寄祁阳刁文孝》《上刁文孝先生》《答刁文孝先生》《却祁阳刁先生请》《再却刁先生请》《祭祁阳刁文孝文》及《读刁文孝用六集卷三、四、五、七、八、九、十、十一、十二评语》。

冯辰（生卒年不详）

字拱北，一字枢天，直隶清苑（今河北保定清苑区）人。曾致书习斋，本欲从学，未往而习斋殁，转从李塨为弟子，著有《丧礼疑问》《李恕谷先生年谱》。习斋集中有《答清苑冯拱北》。

冯绘升(生卒年不详)

名梦桢,直隶安州(今河北安新)人,拔贡生,家贫好义,屡脱人于死,事后母至孝。为学始宗程朱,而不立门户。初与李塨论学,由之读习斋书,又数于习斋会,久之,尽废其所学而学之。法乾卒后,颜元与之约为岁会,未几,卒。

耿极(1622—1700)

字保汝,号诚斋,直隶定兴人,孙奇逢弟子,随孙氏南迁河南辉县苏门山,归老其间。为学深有得于"良知"之旨,著有《古本大学绎言》《古本中庸绎言》《王制管窥》《周易浅义》《存诚集》等。颜元南游中原时与之会,论学多合。习斋以《存学编》问耿:"请问孔孟在天之灵以为是不?程朱罪我否?"耿曰:"孔孟必以为是,程朱亦不知罪。"

郭敬公(?—1678)

名靖共,蠡县人。庠生。曾与颜元等十五人共结文社,能温言规过。颜元称之为"交友者"三人之一,曾为子赴考聘其女。

国之桢(1628—1698)

字公玉,直隶深州诸生。初名之元,为避颜元讳改名之桓。之桓较颜元年长八岁,而坚执欲为习斋弟子,自居颜门子路,曾从之南游。以见义勇为著称。弟之蒲,为河南浚县教谕,习斋南游时曾来迎,习斋与论井田。

郝文灿(生卒年不详)

直隶肥乡(今属河北邯郸)人,生员出身,为当地漳南书院扩建校舍,初亲自任教,后访习斋,力请其为书院山长。习斋短暂就聘,以水患去,三年不归。文灿屡请,不就。文灿以书至,并附田地契,谓:"颜习斋先生,生为漳南书院师,没为先师。文灿所赠庄一所,田五十亩,生为习斋产,没为遗产。"

贾珍(生卒年不详)

字袭什。蠡县庠生,幼有文名。曾为避县城纷嚣,乡居数年,从之者二十家,因名廿家庄。为人端方。颜元十九岁从其学,力改前非。亡故后,习斋私谥曰"端惠先生"。《颜元集》中有《贾处士传》。其弟贾玲,字金玉,亦为习斋塾师,善医,颜元辑其方,为《美惠方集》。序在《颜元集》中。

李明性(1615—1683)

字洞初,号晦夫,学者谥为"孝悫先生"。蠡县人。李塨之父。明代为诸生,明亡后闭门家居,为学强调经世致用,不分朱陆门户,力排佛教,精骑射,以孝闻。习斋与法乾讲学,邀明性入会。明性复书婉拒,规劝习斋"当涵养沉练,至颜子之如愚,则英姿不露,浮华全消。至此,效孔子之无言可,罕言可,即终日言,有何不可?"《颜元集》中有《孝悫子传》《公奠李隐君谥孝悫先生文》《祭李孝悫文》,为明性兄成性写有《节白李处士传》。

李植秀（生卒年不详）

字仲果,直隶祁州人。从颜元学。植秀质厚而性敏,时有见异思迁之弊,又欲无所不知,无所不能。后请专志于礼。习斋教之以感孚其亲之道,又勉之以不恤俗言,暗然自修。《颜元集》中有《答李植秀》。

刘焕章（生卒年不详）

名崇文,蠡县人。崇祯己卯举人。任荆州兴山知县,署枣阳、宜城县事。为人和易,以孝闻。颜元三十六岁,焕章来拜,入会,交往几二十年。《颜元集》中有《与刘焕章论礼书》《答刘孝廉焕章书》。

吕文辅（? —1682）

或作文甫,名申,直隶清苑人。习天文术数,尤精堪舆,讲经济,时称吕仙。曾告习斋:"四书朱注有支离者。"颜元以"兄事者二人"之一,尝从之问天文。

彭好古(生卒年不详)

字敏求,蠡县人。彭通子。颜元学友。二人相约,每五日辄投札规过。

彭恒斋(?—1675)

名士奇,蠡县人,与习斋同里。康熙四年任江苏长洲知县。颇有学,颜元曾与其究天象、地理及兵略。习斋集中有《送彭恒斋尹长洲序》《祭彭恒斋》两文。

彭通(生卒年不详)

字九如,号雪翁,蠡县人。为人放达旷逸。明末清初,孙奇逢(夏峰)与刁包讲学冀中,说各不相通,彭通往来于其间,两无所倚亦两无所忤。曾向颜元介绍孙、刁两家学说。刁、颜相识,即由彭通引介。习斋接触理学,读到《陆王要语》,亦自其处。其父之炳,号散逸居士,颜元有《散逸翁传》。叔父之灿,从夏峰游,饿死于今河南辉县苏门山啸台,人称彭饿夫。

邵嗣尧（生卒年不详）

字子昆，号九缄，山西猗氏（今山西临猗）人。为诸生时即有"真理学"之誉。康熙九年（1670）进士，任山东临淄、直隶柏乡、清苑知县，不畏豪势，屡断疑狱。康熙三十三年，补江南学政。任清苑令时，欲与颜元论学。

孙衷渊（生卒年不详）

名之萍，保定府高阳人。孙承宗侄孙。明亡后绝意仕进，隐居力学，精于诗文，著有《慕芝居诗集》。洁身自好，性情恬退，以孝母名。颜元曾与之书，规其惑佛、老。卒后配享保定五贤祠，门人私谥曰"贞介"。

王法乾（？—1699）

名养粹，蠡县北泗人。少狂放，十六岁入定州卫庠，曾从学于李明性，十九岁立志作圣。颜元终身好友，李塨姐夫。法乾与习斋共学四十年，彼此规过，乡里有"两圣人"之目。《颜元集》中有《初寄王法乾书》《与王法乾书》，又有与法乾父书（《上廷翁王老伯》）、与法乾弟书（《与王顺乾书》）。

王五修（？—1675）

名之征，号密斋、寻乐子，直隶安州（今河北安新）人。孙奇逢弟子,安贫乐道。颜元"兄事者"二人之一。习斋二十五岁与其订交,自称交友自其始。又言,每当坦率时,辄思王五修。《颜元集》中有《祭友人王五修文》。

王余佑(1615—1684)

字申之,一字介祺,号五公山人,卒后门人私谥文节。生于直隶新城(今河北高碑店市)。十六岁补博士弟子员,先后从鹿善继、孙奇逢论学。明亡后不仕。治学广博,于天文地理、礼乐政刑、耕桑医卜,以至西洋语文,无不深究,长于武学,著有《乾坤大略》《十三刀法》(又称《太极连环刀法》)《五公山人集》等。余佑系颜元"父事者五人"之一,对习斋影响甚大。《颜元集》中有《与五公山人王介祺》《答五公山人王介祺》。余佑兄余厚,习斋有《王余厚传》《祭壮誉王义士文》。其弟余严,隐居河南淇县,习斋南游时尝过访之。

王源(1648—1710)

字昆绳,直隶大兴(今北京大兴区)人。其父名世德,明末袭职锦衣卫指挥佥事,"喜任侠言兵"。王源受其影响,亦熟知前代典要及兵事。康熙三十二年(1693)举人。以文名世,曾与万斯同修订《明史稿》。康熙四十二年(1703)结识李塨后,通过李塨得知颜元学术,拜习斋为师。有《居业堂文集》二十卷。《颜元集》中有《率王源释奠孔子文》。

许三礼（1625—1691）

号酉山,河南安阳人。孙奇逢弟子。顺治十四年(1657)举人,十八年进士。与名士魏象枢(1617—1687)等过从甚密。曾任浙江海宁知县八年,有政声,主持正学书院,聘黄宗羲讲学。后任监察御史、大理寺少卿、顺天府府尹、都察院左副都御史、兵部督捕右侍郎,曾弹劾大学士徐乾学(1631—1694)兄弟。著有《河洛源流》《拟太学祀典》《圣学直指》等,经李塨知颜元学旨,与习斋通书论学。习斋南游中原,曾至安阳,哭奠之。《颜元集》中有《答许酉山御史书》《与都察院许酉山书》。

杨计公（？—1684）

直隶安平诸生,知兵,精技击,通西洋数学,年长于颜元。每见辄与习斋论天文、地志、兵农、水利、算数、武术。习斋称王余佑、杨计公、张文升三人为"留心经世济民之业,而身可行、手可办之者"。计公子静甫亦通西学,李塨从之问水学、天文,《颜元集》中有《送安平杨静甫作幕序》。

恽鹤生（生卒年不详）

名皋闻。江苏武进举人,经学长于《毛诗》,著《诗说》,以毛、郑为宗。被戴望视为常州学派的开创者。在秦中听闻习斋学旨,心慕之,来访而习斋已殁。遂与恕谷论学,求习斋所著书,因弃所学而学之,自称私淑弟子。返江南后,积极传播颜李学术,被视为颜李学派在南方的主要代表人物。

张公仪(生卒年不详)

名起鸿,初名来凤,赵州宁晋(今属河北邢台市)人,明末入国子监。李自成进京后,三征不起,掌其使,被押解至保定,适逢李自成败。入清后隐居守孝,后奔走各地,多建书院,从学者甚众。晚筑室西山,号"师忍堂",不闻世事。著有《苍岩集》。闻颜元、王法乾讲学,寄赠《颐生微论》,嘉奖再四。习斋"父事者"五人之一,《颜元集》中有《祭宁晋张公仪文》。

张函白(生卒年不详)

名而素,精于琴,为人宽大和易。李塨学友,颜元、李塨皆曾从之学琴。曾规习斋"固执,兼轻信人"。

张石卿(?—1669)

名罗喆。保定清苑人。甲申国变,其兄吏部主事张罗彦死难,石卿弃诸生。为学"博极群书,自谓秦、汉以降二千年书史,殆无遗览"。讲学以"仁"为主,为人和善,即对乞丐亦彬彬有礼。著述存有《老园诗草》一卷，李塨为之序。石卿系颜元"父事者"五人之一，自谓终身思之而不能忘。习斋得知"气质"新说，即自张石卿处。

张天章（生卒年不详）

名灿然，河南省怀庆府原武（今河南原阳）人，孙奇逢弟子，奇逢称其"多慧根"。著有《东室诗草》。习斋南游时会于开封，与论学。天章谓："礼乐亡矣，《存学》诚不容不作。"

张文升（生卒年不详）

名鹏举，直隶清苑人。与习斋友，习斋以弟蓄之。文升为学，不屑屑于读书著文，而以经世济民为念。长于兵法，习斋四十七岁时与之"共学韬钤，每入蠡城，商酌彻昼夜"。康熙二十六年（1687）李塨与之研习《存治编》，张作《存治翼编》，李著《瘳忘编》。习斋集中有《送张文升佐武彤含尹盐城序》。

张仲诚（1630—1712）

名沐，河南上蔡人，号起庵，时人称上蔡夫子。顺治戊戌（1658）进士，孙奇逢弟子。曾知直隶内黄县（今属河南）、四川资县（今资中县），有德政惠声。讲学嵩阳书院。论学主陆、王，而变其面貌。颜元五十七岁南游时与论学，辩难几及一月，而终不相合。习斋集中有《与上蔡张仲诚书》，写于五十八岁。

赵太若（生卒年不详）

蠡县刘村人，性粗直，少学问。颜元二十岁即与之交，能规习斋过，声色俱厉，习斋以为益友。太若家富，习斋困乏，太若时周济之而未尝以为惠，习斋亦未尝以为歉。颜元"交友者"三人之一，集中有《答赵太若》《哭奠会友赵太若》。

钟錂（生卒年不详）

字金若，博野人，诸生。学者称为逸叟，私谥孝端先生。幼负雄才，颜元于晚年得之，甚喜，李塨称其学行，为颜先生门下一人而已。辑有《颜习斋先生言行录》《颜习斋先生辟异录》，著有《哀感录》《女范淑烈集》《农书一隅》。《颜元集》中有《钟行一行实》。行一，钟錂父。

参考文献

Carr, E. H.(卡尔):《历史是什么》,陈恒译,北京:商务印书馆,2012年

陈登原:《颜习斋哲学思想述》,陈山榜、邓子平(主编)《颜李学派文库》本

陈立胜:《王阳明"万物一体"论——从"身—体"的立场看》,上海:华东师范大学出版社,2008年

陈立胜:《"恻隐之心"与"疼痛镜像神经元"——对以"识痛痒"论仁思想一系的现代解释》,收在杨儒宾、张再林(编):《中国哲学研究的身体维度》

陈荣捷:《王阳明传习录详注集评》,上海:华东师范大学出版社,2009年

陈弱水(主编):《中国史新论·思想史分册》,新北:"中央研究院"、联经出版事业股份有限公司,2012年

陈山榜:《颜元评传》,北京:人民教育出版社,2004年

陈山榜:《颜元师友考略》,《保定师范专科学校学报》第18卷第1期,2005年1月

陈山榜:《颜元身世考》,《石家庄学院学报》第7卷第2期,2005年3月

陈山榜、邓子平(主编):《颜李学派文库》,石家庄:河北教育出版社,2009年

陈昀瑜:《朱之瑜与颜元的实行观》,新北:花木兰文化出版社,2011年

Clarkson, Petruska(彼特鲁斯卡·克拉克森)、Mackewn, Jennifer(珍妮弗·麦丘恩):《弗里茨·皮尔斯:格式塔治疗之父》,吴艳敏译,南京:南京大学出版社,2019年

Company, Robert Ford(康儒博):《修仙:古代中国的修行与社会记忆》,顾漩译,南京:江苏人民出版社,2019年

戴望:《颜氏学记》,陈山榜、邓子平(主编)《颜李学派文库》本

de Certeau, Michel(米歇尔·德·塞尔托):《历史与心理分析——科学与虚构之间》,邵炜译,中国人民大学出版社,2010年

邓志峰:《王学与晚明师道复兴运动》(增订本),上海:复旦大学出版社,2020年

刁包:《用六集》,收在《清代诗文集汇编》编纂委员会(编):《清代诗文集汇编》第18册,上海:上海古籍出版社,

2010年

杜维明(Tu Wei-ming), "Yen Yüan: From Inner Experience to Lived Concreteness," in *Humanity and Self-Cultivation: Essays in Confucian Thought*, Berkeley: Asian Humanities Press, 1979

杜维明:《青年王阳明(1472—1509):行动中的儒家思想》,朱志方译,北京:生活·读书·新知三联书店,2017年

杜正胜:《古典气论》,收在《从眉寿到长生——医疗文化与中国古代生命观》,台北:三民书局,2006年

Erikson, Erik H., *Young Man Luther: A Study in Psychoanalysis and History*, New York: W. W. Norton & Company, 1993

Erikson, Erik H.(埃里克·埃里克森):《甘地的真理——好战的非暴力起源》,吕文江、田嵩燕译,北京:中央编译出版社,2010年

Esherick, Joseph W.(周锡瑞):《义和团运动的起源》,张俊义、王栋译,南京:江苏人民出版社,1995年

范丽梅:《言者身之文——郭店写本关键字与身心思想》,台北:台湾大学出版中心,2017年

方苞:《方苞集》,上海:上海古籍出版社,2012年

Faure, David(科大卫):《明清社会和礼仪》,曾宪冠译,北京:

北京师范大学出版社,2016年

冯辰(纂)、恽鹤生(订)、李锴(重订):《李恕谷先生年谱》,收在《李塨集》

Fingarette, Herbert(赫伯特·芬格莱特):《孔子:即凡而圣》,彭国翔、张华译,南京:江苏人民出版社,2002年

Frazer, Michael L.(迈克尔·L.弗雷泽):《同情的启蒙:18世纪与当代的正义和道德情感》,胡靖译,南京:译林出版社,2016年

Gay, Peter(彼得·盖伊):《布尔乔亚的描摹者》,韩承桦译,收在陈建守(主编):《时代的先行者:改变历史观念的十种视野》,台北:独立作家,2014年

Goodson, Ivor(艾沃·古德森)、Biesta, Gert(格特·比斯塔)、Tedder, Michael(迈克尔·特德)、Adair, Norma(诺尔玛·阿代尔):《叙事学习》,方玺译,北京:北京师范大学出版社,2019年

Goffman, Erving(欧文·戈夫曼):《日常生活中的自我呈现》,冯钢译,北京:北京大学出版社,2008年

沟口雄三:《儒教史——宋代至近代》,龚颖、孙道凤译,收在《中国思想史——宋代至近代》,北京:生活·读书·新知三联书店,2014年

Guibal, Michel(米歇尔·吉布尔):《拉康、精神分析与中国

文化》,霍大同译,收在霍大同(主编):《精神分析研究》第1辑,北京:商务印书馆,2015年

韩志超、何云诰(修),张玲、王其衡等(纂):《光绪蠡县志》,光绪二年刻本

Hartman, Charles(蔡涵墨):《朱熹和他的世界:评〈朱熹的历史世界〉》,收在《历史的严妆:解读道学阴影下的南宋史学》,北京:中华书局,2016年

河合隼雄:《童话心理学》,赵仲明译,海口:南海出版公司,2015年

何静:《身体意象与身体图式:具身认知研究》,上海:华东师范大学出版社,2013年

侯旭东:《从田园诗到历史——村落研究反思》,收在《北朝村民的社会世界——朝廷、州县与村里》,北京:商务印书馆,2005年

黄进兴:《"圣贤"与"圣徒":儒教从祀制与基督教封圣制的比较》,收在《圣贤与圣徒:历史与宗教论文集》,台北:允晨文化实业股份有限公司,2001年

黄进兴:《理学家的道德观——以〈大学〉、〈近思录〉与〈传习录〉为例证》,收在陈弱水(主编):《中国史新论·思想史分册》

黄俊杰:《东亚儒学史的新视野》,上海:华东师范大学出版

社,2008年

惠霨嗣:《历年纪略》,收在李颙:《二曲集》

Hume, David(大卫·休谟):《人性论》,关文运译,北京:商务印书馆,1980年

霍大同:《代情结——中国人梦中的母与子》,收在霍大同、谷建岭(主编):《精神分析研究》第2辑,北京:商务印书馆,2016年

James, Susan(苏珊·詹姆斯):《激情与行动:十七世纪哲学中的情感》,管可秾译,北京:商务印书馆,2017年

纪常:《王孝子传》,收在陈桢(修),李兰增、陈德沛(纂):《民国文安县志》,1922年

金克木:《文化三型·中国四学》,收在《中国文化老了吗?》,北京:中华书局,2016年

Kantorowicz, Ernst(恩斯特·康托洛维茨):《国王的两个身体》,徐震宇译,上海:华东师范大学出版社,2018年

Kleinman, Arthur(凯博文):《疾痛的故事》,方筱丽译,上海:上海译文出版社,2018年

Lakoff, George(乔治·莱考夫)、Johnson, Mark(马克·约翰逊):《我们赖以生存的隐喻》,何文忠译,杭州:浙江大学出版社,2015年

黎靖德(编):《朱子语类》,北京:中华书局,1986年

李伯重:《火枪与账簿:早期经济全球化时代的中国与东亚》,北京:生活·读书·新知三联书店,2017年

李塨:《五公山人王先生行略》,收在《五公山人集》

李塨:《李塨集》,北京:人民出版社,2014年

李塨(纂),王源(订):《颜习斋先生年谱》,收在《颜元集》

李颙:《四书反身录》,收在《二曲集》,北京:中华书局,2006年

李元度:《书方望溪与李刚主书后》,收在《天岳山馆文钞·诗存》,长沙:岳麓书社,2009年

李之藻:《跋杨忠愍公手书》,收在《李之藻集》,北京:中华书局,2018年

梁其姿:《施善与教化——明清的慈善组织》,石家庄:河北教育出版社,2001年

梁启超:《颜李学派与现代教育思潮》,收在陈山榜、邓子平(主编):《颜李学派文库》

刘声木:《苌楚斋随笔续笔三笔四笔五笔》,北京:中华书局,1998年

刘永华:《礼仪下乡:明代以降闽西四保的礼仪变革与社会转型》,北京:生活·读书·新知三联书店,2019年

刘玉玮:《赵献可〈医贯〉医学理论特色辨析》,《中医文献杂志》2001年第1期

刘子健:《中国转向内在:两宋之际的文化取向》,赵冬梅译,南京:江苏人民出版社,2002年

吕妙芬:《颜元生命史学中的家礼实践与"家庭"的意涵》,收在高明士(编):《东亚传统家礼、教育与国法(一):家族、家礼与教育》,上海:华东师范大学出版社,2008年

吕妙芬:《阳明学士人社群:历史、思想与实践》,北京:北京师范大学出版社,2017年

吕妙芬:《成圣与家庭人伦:宗教对话脉络下的明清之际儒学》,台北:联经出版事业股份有限公司,2017年

马明达:《颜李学派与武术》,《体育文化导刊》2000年第1期

马西沙、韩秉方:《中国民间宗教史》,北京:中国社会科学出版社,2017年

马渊昌也:《许诰与明清时期人性论的发展》,收在沟口雄三、小岛毅(主编):《中国的思维世界》,孙歌等译,南京:江苏人民出版社,2006年

潘平格:《潘子求仁录辑要》,北京:中华书局,2009年

彭刚:《叙事的转向:当代西方史学理论的考察》,北京:北京大学出版社,2017年

彭国翔:《良知学的展开:王龙溪与中晚明的阳明学》(增订版),北京:生活·读书·新知三联书店,2015年

Pruyser, Paul W.(保罗·普吕瑟):《宗教的动力心理学》,宋

文里译注,台北:联经出版事业股份有限公司,2014年

钱大昕:《跋荀子》,收在《潜研堂集》,上海:上海古籍出版社,1989年

钱穆:《中国近三百年学术史》,北京:商务印书馆,1997年

钱新祖:《焦竑与晚明新儒思想的重构》,宋家复译,台北:台湾大学出版中心,2014年

秦佩珩:《清代前期圈地问题阐释》,《中州学刊》1982年第3期

Reddy, William M.(威廉·雷迪):《感情研究指南:情感史的框架》,周娜译,上海:华东师范大学出版社,2020年

Roazen, Paul(保罗·罗艾森):《弗洛伊德及其追随者》,收在特伦斯·鲍尔(Terence Ball)、理查德·贝拉米(Richard Bellamy)(主编):《剑桥二十世纪政治思想史》,任军锋、徐卫翔译,北京:商务印书馆,2016年

Roudinesco, Élisabeth(伊丽莎白·卢迪内斯库):《拉康传》,王晨阳译,北京:北京联合出版公司,2020年

Roudinesco, Élisabeth(伊丽莎白·卢迪内斯库):《精神分析私人词典》,罗琛岑译,上海:华东师范大学出版社,2021年

Roudinesco, Élisabeth(伊丽莎白·卢迪内斯库):《卢迪内斯库谈拉康与精神分析史》,"澎湃新闻",2021年3月

28 日

三浦国雄:《不老不死的欲求:三浦国雄道教论集》,王标译,成都:四川人民出版社,2017 年

Schäfer, Dagmar(薛凤):《工开万物:17 世纪中国的知识与技术》,吴秀杰、白岚玲译,南京:江苏人民出版社,2015 年

商伟:《礼与十八世纪的文化转折:〈儒林外史〉研究》,严蓓雯译,北京:生活·读书·新知三联书店,2012 年

沈志中:《暗哑与倾听:精神分析早期历史研究》,台北:行人文化实验室,2009 年

Sommer, Deborah(司马黛兰):《身体的界限》,收在王中江、李存山(主编):《中国儒学》第 10 辑,北京:中国社会科学出版社,2015 年

唐甄:《潜书(附诗文录)》,北京:中华书局,2009 年

ter Haar, Barend(田海):《中国历史上的白莲教》,刘平、王蕊译,北京:商务印书馆,2018 年

天然痴叟:《石点头》,北京:华夏出版社,2013 年

Tillman, Hoyt(田浩):《朱熹的思维世界》,南京:江苏人民出版社,2011 年

Tilly, Charles(查尔斯·蒂利):《为什么?》,李钧鹏译,北京:北京时代华文书局,2016 年

von Franz, Marie-Louise(玛丽-路薏丝·冯·法兰兹):《解读童话:从荣格观点探索童话世界》,徐碧贞译,台北:心灵工坊文化事业股份有限公司,2016年

王步青:《尹少宰公神道碑》,收在吴鏊、朱基(修),尹启铨(纂):《乾隆博野县志》

王汎森:《晚明清初思想十论》,上海:复旦大学出版社,2004年

王汎森:《权力的毛细管作用:清代的思想、学术与心态》,台北:联经出版事业股份有限公司,2013年

王汎森:《思想是生活的一种方式:中国近代思想史的再思考》,台北:联经出版事业股份有限公司,2017年

王汎森:《清初"礼治社会"思想的形成》,收在陈弱水(主编):《中国史新论·思想史分册》

王坚:《无声的北方:清代夏峰北学研究》,北京:商务印书馆,2018年

王学斌:《颜李学的近代境遇》,北京:商务印书馆,2017年

王余佑:《五公山人集》,上海:华东师范大学出版社,2011年

王源:《颜习斋先生传》,收在《颜元集》

王源:《李孝悫先生明性传》,收在钱仪吉(纂):《碑传集》,北京:中华书局,1993年

王贽:《颜习斋寻父诗》,收在钱仲联(主编):《清诗纪事·康

熙朝卷》,南京:凤凰出版社,2004年

Wegner, Daniel M. and Smart, Laura, "Deep Cognitive Activation: A New Approach to the Unconscious," *Journal of Consulting and Clinical Psychology*, No. 65, 1997

吾妻重二:《朱熹〈家礼〉实证研究》,吴震、郭海良等译,上海:华东师范大学出版社,2012年

吴鏊、朱基(修),尹启铨(纂):《乾隆博野县志》,乾隆三十一年刻本

吴天墀:《试论宋代道学家的思想特点》,收在《吴天墀文史存稿》(增补本),北京:北京师范大学出版社,2016年

吴震:《"心是做工夫处"——关于朱子"心论"的几个问题》,收在《朱子思想再读》,北京:生活·读书·新知三联书店,2018年

小野泽精一、福永光司、山井涌(编):《气的思想——中国自然观与人的观念的发展》,李庆译,上海:上海人民出版社,2018年

解新占(主编):《中国民间故事全书·河北·蠡县卷》,北京:知识产权出版社,2013年

熊秉真:《建构的感情——明清家庭的母子关系》,收在吕妙芬(主编):《明清思想与文化》,北京:世界图书出版公司

北京公司,2015年

徐珂:《清稗类钞》,北京:中华书局,2010年

徐世昌(纂):《颜李师承记》,北京:北京师范大学出版社,2014年

徐小跃:《罗教·佛教·禅学——罗教与〈五部六册〉揭秘》,南京:江苏人民出版社,1999年

徐仪明:《性理与岐黄》,北京:中国社会科学出版社,1997年

颜元:《颜元集》,北京:中华书局,1987年

杨儒宾:《儒家身体观》,台北:"中央研究院"中国文哲研究所筹备处,1999年

杨儒宾(主编):《中国古代思想中的气论及身体观》,台北:巨流图书公司,2009年

杨儒宾:《异议的意义——近世东亚的反理学思潮》,台北:台湾大学出版中心,2012年

杨儒宾:《主敬与主静》,收在杨儒宾、马渊昌也、艾皓德(编):《东亚的静坐传统》,台北:台湾大学出版中心,2012年

杨儒宾、张再林(编):《中国哲学的身体维度》,台北:台湾大学人文社会高等研究院东亚儒学研究中心,2017年

杨瑞松:《追寻终极的真实——颜元的生平与思想》,新北:花木兰文化出版社,2011年

杨瑞松(Jui-sung Yang), *Body, Ritual and Identity*: A

New Interpretation of the Early Qing Confucian Yan Yuan（1635—1704），Leiden；Boston：Brill，2016

伊东贵之：《中国近世的思想典范》，杨际开译，台北：台湾大学出版中心，2015年

尹会一：《颜习斋先生墓表》，碑存河北省博野县北杨村颜习斋祠堂，清乾隆八年（1743）原刻，1917年重刻

永瑢等：《四库全书总目》，北京：中华书局，1965年

余辉、方志远：《明初朱季友献书一案始末及其影响》，《地方文化研究》2014年第1期

余英时：《朱熹的历史世界：宋代士大夫政治文化的研究》，北京：生活·读书·新知三联书店，2004年

余英时：《宋明理学与政治文化》，桂林：广西师范大学出版社，2006年

袁黄：《袁了凡先生四训》，苏州：灵岩山寺、弘化社，2009年

袁黄：《祈嗣真诠》，北京：团结出版社，2015年

袁枚：《高守村先生传》，收在《小苍山房诗文集》，上海：上海古籍出版社，1988年

袁枚：《子不语》，上海：上海古籍出版社，2012年

岳永逸：《行好：乡土的逻辑与庙会》，杭州：浙江大学出版社，2014年

章太炎：《訄书重订本》（与《訄书初刻本》等合刊），《章太炎全

集》第1辑,上海:上海人民出版社,2014年

章太炎:《菿汉微言》(与《菿汉昌言》等合刊),《章太炎全集》第2辑,上海:上海人民出版社,2015年

张晓笠(主编):《颜元在博野》,中共博野县委宣传部,2008年

张循:《"颜元"的诞生——清初学者颜元思想激变过程的重建与诠释》,《中山大学学报》(哲学社会科学版)2019年第5期

张循:《狂者之言与狷者之态——颜元的学术分裂与清初士人文化的两个风势》,《中山大学学报》(社会科学版),2021年第1期

张艳:《孙奇逢耿极交游考》,《河北工业大学学报》(社会科学版),2018年第4期

张艺曦:《阳明学的乡里实践:以明中晚期江西吉水、安福两县为例》,北京:北京师范大学出版社,2013年

赵亮、孔繁浩(主编):《中国民间故事全书·河北·博野卷》,北京:知识产权出版社,2011年

赵慎畛:《榆巢杂识》,北京:中华书局,2001年

赵卫邦:《颜习斋著述编年》,《图书季刊》新4卷第1、2期合刊,1943年6月

赵园:《谈兵——关于明清之际一种文化现象的分析》,收在

陈平原、王德威、商伟(编):《晚明与晚清:历史传承与文化创新》,武汉:湖北教育出版社,2002年

赵园:《易堂寻踪:关于明清之际一个士人群体的叙述》,北京:北京师范大学出版社,2013年

赵园:《家人父子——由人伦探访明清之际士大夫的生活世界》,北京:北京大学出版社,2015年

郑文林(辑注):《博野县历代碑刻辑释》,自印本,无出版年月

郑毓瑜:《引譬连类:文学研究的关键词》,北京:生活·读书·新知三联书店,2017年

郑志明:《无生老母信仰溯源》,台北:文史哲出版社,1985年

郑宗义:《论儒学中"气性"一路之建立》,收在杨儒宾、祝平次(编):《儒学的气论与工夫论》,上海:华东师范大学出版社,2008年

钟錂(辑):《颜习斋先生言行录》,收在《颜元集》

周启荣:《清代儒家礼教主义的兴起——以伦理道德、儒学经典和宗教为切入点的考察》,毛立坤译,天津:天津人民出版社,2017年

朱鸿林(Chu Hung-lam), "Intellectual Trends in the Fifteenth Century," *Ming Studies*, Vol. 27, 1989

朱一新:《无邪堂答问》,收在《朱一新全集》,上海:上海人民出版社,2017年

庄吉发:《真空家乡:清代民间秘密宗教史研究》,台北:文史哲出版社,2002年

Zito, Angela(司徒安):《身体与笔:18世纪中国作为文本/表演的大祀》,李晋译,北京:北京大学出版社,2014年

主题索引

A

埃里克·埃里克森(Erik H. Erikson)　43,44,46,168

B

白话(俚语)　174

百姓　见"民众"

保定　4,11,12,185,192,197,219,238,241

报应　172,177,180,181

"北方之强"(参看"强")　16,25

北京　207,222,228

北学　11,104,207

本分家乡　见"家乡"

本然之性　见"义理之性"

变化气质(参看"气质""气质之性") 63,93,94,104,105,126,127,143—145,148,215

兵民合一 见"武术"条下

兵学 见"武术"

博野 4,11,21,73,184,185,187,188,192—194,217—219,221—223,226,227,229,243

卜 见"方术"

C

"才"(作为理学术语) 60,100,101,103,104,145

财神 170

蔡清 213

查尔斯·蒂利(Charles Tilly) 34,111

禅(禅子) 见"二氏"

常州学派 241

陈登原 19,57

陈亮 16

陈世倌 188,193

"诚"(作为理学术语) 156,160

"诚意"(作为理学术语) 128,204

城隍 72,174

成圣(希圣希贤、作圣,参看"圣人") 10,24,47—49,53,55,56,114,116,118,143,144,151—157,162,196,199,202—204,207,238

程(程子,程颢、程颐,多指程颐) 16,48,60,83,99,100,115,117,120,138,154,213,225,234

程朱(程朱理学、程朱学派、程朱学说、程朱之学,参看"程""理学""朱熹") 6,7,13,19,48,59,62,64,83,89,93,98,99,104,107,108,121,142,156,193,195,205,215,216,225,226,233,234

承嗣 见"血脉"条下"传宗接代"

《瘳忘编》 65,242

祠堂(家祠、祖祠) 9,157,200,216,217

传嗣 见"血脉"条下"传宗接代"

创痛 见"心理创伤"

《春秋》 17,163

淳化风俗 见"移风易俗"

《存人编》(《唤迷途》,参看"《三存编》""《四存编》") 75,76,174,175,193,221

《存性编》(参看"《三存编》""《四存编》") 7,59,61,64,66,99,112,114,125,144,193,216,218

《存学编》(参看"《三存编》""《四存编》") 7,59,61,64,83,

99,118,193,216,218,228,234,242

存养　100,114,123

《存治编》(《王道论》,参看"《三存编》""《四存编》")　19,50,52,65,140,193,213,242

D

大传统(高级文化)　22,205

《大学》　142

大众　见"民众"

戴望　21,57,241

道德严格主义　9

道教(道士)　见"二氏"

道统　42,64,85,88,89,116,130,171,214,217,225

荻生徂徕　119

"第二次出生"(精神分析术语,参看"埃里克·埃里克森""精神分析")　44,66

点主　78—79,85,216　见"主"条下

刁包(刁蒙吉)　12—14,17,48,104,106,109,126,129,131,132,142,152,171,184,187,213,214,224,233,237

东岳天齐(民间信仰的神灵)　174

"动"(作为理学术语)　114,122,134,135

读书（作为理学工夫论概念）　7,9,10,16,18,66,116,119,126,128,166,205,216

端坐　见"静坐"条下

E

"恶"的来源　8,93,94,95,99,100,102—105

儿童（幼童、孩童、孩提之童）　79,85—86,112,173,179

二氏（禅、禅子、道教、道士、佛、佛教、佛老、老、僧、僧道、释迦、释氏、仙，参看"异端"）　6,7,17,48,74,76,77,80,81,83,101,103,113—115,121,123,131,136,144,145,157,171,173,174,176,178,195,196,214,221,225,236,238

F

反面认同（精神分析术语，参看"埃里克·埃里克森"）　168

范仲淹　160

方苞　15,62,63,156,181,193

方术（卜、方士、风水、堪舆、术士、术数、数术、算卦，）　182,184,197—198,200,201,202,206,217,222,237,239

风水　见"方术"

冯辰　53,233

"奉教弟子"("奉教的") 185

佛(佛教、佛老)见"二氏"

夫子见"孔子"

福神 170

扶箕 170

父权制 27

  父亲作为社会礼仪秩序的象征 68,70

  儒家思想的父权维度 26,72

妇女(妇人、女、女子) 125,135,138,192,195,219

G

改命 见"造命"

刚主 见"李塨"

感情 见"情感"

高级文化 见"大传统"

格式塔心理学 84

格物 101,142

耿极 83,234

工夫(论) 7,9,14,98,99,118,119,122,144,147,154,156,162

功过(参看"规过""会") 6,45,177,180,214

功利 见"实用"

躬行践履 见"实行"

古礼 见"礼"条下

谷应泰 138

规过（参看"功过""会"） 63,64,214,221—222,227,234,237,238,241,243

顾宪成 152,233

顾炎武 3

关帝 72

关东（关外） 57,58,71,75,211,215,219,222

观念史 90

"归伦" 见"还俗"

归宗（参看"血脉"） 41,42,66—69,71,76—78,88,175,218,219,222

国之桓 79,191,224,234—235

果报 见"报应"

H

韩侂胄 226

河合隼雄 64,199

河南（豫、中州） 135,182,184,189,224,234,235,239,

240,242

孩提之童(孩童) 见"儿童"

侯外庐 19

胡适 19

华北(参看"河南""直隶") 138,183,184,206

还俗("归伦",参看《存人编》"二氏""异端") 75,76,80,81,214

《唤迷途》见《存人编》

《黄帝内经》(《内经》《素问》) 130,131,145

黄宗羲 3,22,95,240

晦庵 见"朱熹"

"会"(作为儒者相互劝勉修身的方式,参看"功过""规过") 6,63,214,218,221,234,236

J

基层社会(基层组织,参看"民众""乡里") 22,89,164,204,205,206

基督教(天主教) 185,200,208

积善 见"善"条下

疾痛 见"身体"条下

祭礼 见"礼"条下

祭灶　170

继嗣(继宗) 见"血脉"条下"传宗接代"

《纪效新书》　140,215

家礼(《家礼》)见"朱子家礼"

家　43,88,176

　　颜元的家庭关系　43,47,49,51—53

　　作为人伦秩序的象征　76,88,175

　　作为人生幸福的象征　76

家祠 见"祠堂"

家谱 见"宗族"条下

"家乡"(真空家乡、本分家乡,民间宗教的概念)　175,176

家族 见"宗族"

"讲故事"(作为一种论证方式)　34,42,111,127

讲学(讲说)　7,12,14,62,155,162

焦竑　160

教化(包括"被教化")　6,22,35,89,152,153,200,202,203,205,206

教门 见"民间宗教"

尽孝 见"孝"

经济(经世)　19,124,141,181,182,184,207,235,237,240,242

精神分析（参看"潜意识""梦"） 28—30,43—46

井田 52,65,213,219—220,235

均田 224,225

"静"（作为理学术语） 114,115,121,122,135

静坐（坐功） 7,9,66,79,116,119,121—123,126,156,166,205,214,216,223,226

 端坐（颜元发明的工夫，与静坐对应） 122,123

 坐禅 136

敬惜字纸 见"惜字"

"九容" 119,120,122,123

居丧（守丧、治丧，参看"礼"条下"颜元的丧礼实践"） 42—44,47,48,59,62,72,107,109,110,127,157,187,190,194,216,218

举业 见"科举"

"具身性" 见"身体"条下

绝嗣 见"血脉"条下"断子绝孙"

K

堪舆 见"方术"

康熙皇帝 199

科举（科第、科考） 7,27,48—50,156,180,196,212,

214,215

科学　19,29

孔庙（文庙）　79,85,163,173,189,216

孔子（夫子、孔、孔叟）　16,17,54,59,60,61,83,101,115,116,118,123,135,137,142,153—155,158,160—162,167,171,185,190,191,202,214,217,218,225,229,234,236

L

"老"（老子）见"二氏"

"礼"（礼仪，参看"六艺""乡三物""习"条下"习礼"等）　7,8,10,11,27,42,70,78,85,102,110,119,121,125,134—137,139,143,145,148,157,159,164—166,168,191,196,226,227,236,239,242

古礼（参看本条内"俗礼"）　9,41,108,157,164,165,181,192,216

祭礼　71,77,186

"礼仪下乡"（礼下庶人）　9,204,205

礼仪与表演　158—159,205

"礼治社会"　164

俗礼（及世俗对守"礼"的嘲笑，参看"移风易俗"）　49,

157,158,164,165

　　颜元的日常礼仪实践（常功、常仪、日功）　9,68,157,158,214—217,219,223

　　颜元的丧礼实践　43,107—109,216,223

《礼记》　109

礼教　10,19,36,110,181

《礼文手抄》　52,61

"理"（义理、天理）　10,93—95,99—101,103,106,122,159

　　颜元的理气关系论　99—100,106

　　朱熹的理气关系论　93,99

理学（道学）　7,10,14,19,48,63,64,89,93,98—110,112,117,120,123,126,128,133,156,162,168,196,204,226,237

理学家（道学家）　8,19,110,119,132,155,159,238

李塨（刚主、恕谷，参看"圣人"条下"李圣人"）　6,11,21,36,37,45,53,57,62,65,67,79,80,86,87,120,123,125,128,135,138,139,142,144,159,160,163,167,177,179—184,188—191,193,195,197,198,200,201,203,204,206,207,220,221,224,225,227—229,233—235,238—243

李明性　12,105,138,139,148,160,163,177,187,215,221,

235—236,238

李因笃 220

李颙 14,120,201,228

李元度 181

李之藻 55

李植秀 161,206,225,227—229,236

里人(里巷) 见"乡里"

蠡县 4,11,12,21,36,68,167,187—189,192,194,197,200,217,219,221,224,228,229,234—236,237,238,242,243

吏(吏胥、书吏、小吏、皂吏) 10,185,227

历法 7

立嗣(立子) 见"血脉"条下"传宗接代"

练拳 见"武术"

梁启超 19,57

辽东(辽左) 见"关东"

林清 185

刘焕章 171,183,187,217,224,236

刘声木 190

刘宗周 95,117

"六德"(参看"乡三物") 7,216

"六府" 7,10,130

"六行"(参看"乡三物") 7,173,216

"六艺"(参看"乡三物") 7,8,11,62,125,128,130,134,137,142,162,216,227

"六贼"(贼,佛教术语) 103,113,115

鹿善继 11,233,239

陆陇其 188,224

陆世仪 99,106,118,119,218

陆王(心学,参看"理学""陆象山""王阳明") 6,7,10,48,93,98,213,216,226,237,242

陆象山(参看"陆王") 10,16,47,154,236

《论语》 25,55,79,118,161,184,191,201,202

罗汝芳 104,129

吕坤 174

吕文辅 12,13,215,224,236—237

M

毛奇龄 123

梦(作为精神分析的对象,参看"精神分析""潜意识") 73,78,79,85

孟子(孟、《孟子》) 7,13,16,18,25,48,53,59,61,64,83,

88,94,115,124,133,154,155,168,191,225,234

民间 见"民众"

民间传说(民间故事、民间文艺) 35,36,141,184,198,205

李塨传说 36,37,197—198

 颜元传说 36,141,190,194—197,199,200

 作为"口头材料"与文献史料的关系 35—36,194—195

民间宗教(教门、乡土宗教,参看"异端") 169—176,178,183—186,198

 罗教(参看五部六册) 170,176

 明末清初华北教门名称 170

 清水教 185

 天理教 185

"民可使由之,不可使知之"(民可使由不可使知) 14,162,165

"民吾同胞" 184

民众(参看"基层社会""乡里""愚夫愚妇") 22,24,34,35,151,152,162,163,164,171,172,173,174,185,186,192,193,194,195,196,197,199,202,203,204,205,206

民主主义 19

名字(对颜元的意义) 50,66—68

命(命数) 见"气数"

N

《内经》见"《黄帝内经》"

女(女子)见"妇女"

P

潘平格　18,55,156

朋友　12

　　明清士人求友之风与"朋友"一伦的兴起　12

　　颜元的交游圈子　12—14,187,212,214,215,224,233—243

　　颜元交友原则的变化　166—167

平常性(平凡)　10,23,24,152,155,165,199

普通人　见"民众"

Q

器(参看"物")　102,145,229

气本论(气的哲学、气性论、气学、气一元论,参看"气质")
　　9,13,14,93—95,98,121,147

气数(命、数)　83,84,116,167,181

"气质"("气""气禀""气概""气物""质""质赋",理学术语,参看"气本论") 8,9,13,19,31,48,59,63,64,93—96, 98—106,110—115,120,121,127,128,137,143—145, 147,148,215,242

气质不恶 63,64,89,99,106,114,115,144,148

"气质之性"(程朱理学术语,参看"气质""义理之性""性") 8,34,60,61,63,64,93,94,98,100,103,107,110,144, 145,147

气质之性("气质"之"性","性即气质之性",明代以来对气质的新看法) 34,90,95,96,106,143,147

潜意识(参看"精神分析""梦") 29,34,44,63

钱大昕 94

钱穆 16,48,104,122,139

"强"(儒家思想的"强者"性格,参看"北方之强") 25—27

琴(颜李学派实践"乐"的重要工具) 102,136,217,241

青原行思 24

"情"(作为理学术语) 60,95,100,101,103,145

"情教" 101

"情"与"礼"的关系 26

情感(感情、情) 25—28,55,67,69,71,72,77,79,97, 127,151

思想(理性)与情感的关系 28,96

情欲(欲望) 101,145

求嗣 见"血脉"条下"传宗接代"

曲阜 21

圈占 18,197

R

"人皆可以为尧、舜" 114,154

(颜元的)人伦困境 43,55,67,78,86—89

人体 见"身体"

认同危机 42,43,87

认知科学(认知心理学、认知语言学) 28,32,96,97,112

日常性 见"平常性"

日记(日谱,作为儒者的修养工具) 6,45,179,204,214—217,227

荣格(Carl Gustav Jung) 64,85

肉身 见"身体"

《儒林外史》 73

"如愚" 24,161,162,199,206,219,236

S

《三存编》(两种不同版本,参看《四存编》) 193

三藩之变　71,219

"三事"　7,10,135

"三物"见"乡三物"

《三字经》　173—174,226

僧(僧道)见"二氏"

"善"("行好"、行善、修善、"做好事",民间信仰的概念)

  170,172,173,176,177,180,185

  传嗣作为善行的指标　179—180

  积善　177,178,180

  明清劝善运动　172,177,180

  "善人"("行好的""行善的")　172,173,185

  善书(《太上感应篇》《了凡四训》等)　179,180,182

  颜元对"善人"的解释　173

邵嗣尧　188,224,238

社会记忆　198

社会史　6,203

"射"(作为"六艺"之一,参看"六艺""乡三物")　7,11,121,135,136,139,140,142,148,183,217,219,227

身体(人体、肉身、身子、"形",参看"六贼")　16,23,34,96,99,101,105,110—125,127—129,133—137,144—148,226

疾痛　16,59,97,107—109,111,122,125—129,134,135,145,146

（认知的）"具身性"（embodiment）　96

身体观　96,98,113,143,145

身体经验与颜元学术的关系　34,96—98,113,127—128,136,143

身体意象（body image）　97

身体与孝　69,70,79,80

身心关系　114,120—124,127,132

体纹的象征意义　190—191

"欲望"之身与"礼乐"之身　145

作为隐喻　52,97,119

身体力行　见"实行"

（颜元的）身世　41—43,47,51,60—62,64,65,71,79,87—89,107,175

神佛（神灵）见"异端"

（颜李形象的）神异化　190—191,194,197—199,202

神主（神位）见"主"

"生"（作为儒家价值观概念）　81,123

与人伦的关系　82

与生育的联系　81—82

生活—文化史 23

(颜元的)生命史(生命历史) 4,41,46,47

生主 见"主"

圣人(圣贤,儒家的人格理想和理想人物,参看"成圣") 5, 6,23—25,30,35,41—43,47,49,53,54,59,60,63,81, 83,93,104,105,110,115,116,120,124—126,136,141, 151—156,160—163,185,188,190,192,193,195,198— 203,207,208,217,228

 "李圣人"(参看"李塨") 198

 立志作圣者被乡人嘲笑 156—157,199

 "圣人"与"疯子" 199—200

 "圣"与"神" 198,202

 "王圣人"(参看"王法乾") 192,193

乡里的圣人(基层圣贤、乡民对圣人的界定和改造) 21,22, 153,192,197—201,206,238

 "颜圣人" 5,153,163,191—194,197—199,201, 208,219

实行(躬行践履、身体力行、实践、实习、习行、"行",颜元的思想主张) 7—9,12,14,18,19,23,62,89,95,98,118, 119,121,128,134,142,144,162,201

实学(学术史概念) 8,19,128

实验主义　19

实用(功利、事功)　8,10,14,120

事功　见"实用"

是仲明　190

释迦(释氏)　见"二氏"

守丧　见"居丧"

守孝　见"孝"

书吏　见"吏"

书生(颜元对读书人的批判,参看"文人")　90,125,138

庶民(庶人)见"民众"

数(命数)　见"气数"

数术　见"方术"

术士(术数)　见"方术"

恕谷　见"李塨"

水利(水学、治水)　167,224,226,229,240

舜(作为孝子的典范)　53—55

思想史　6,19,21—23,27,28,47,96,147,202

"道成肉身"(作为思想史的研究取向)　23—24,148

　　思想(学术)与生活(生命史)　23,30—31,42,85,88,90

嗣续　见"血脉"条下"传宗接代"

《四存编》(参看"《存人编》""《存性编》""《存学编》""《存治

编》""《三存编》") 98,139,193

"四教" 189,216

《四书集注》(四书朱注) 13,83,215,225,237

《四书正误》 83,225

宋学(宋儒,参看"程朱""理学") 15,41,48,61,65,66,94,100,102,103,106,108,111,120,136,151,155,160,202,204,227,228

俗礼 见"礼"条下

《素问》见"《黄帝内经》"

算卦 见"方术"

孙承宗 11,17,238

孙奇逢(孙征君、夏峰) 11,17,18,64,83,138,139,182,187,213,234,237—240,242

《孙子兵法》 139

T

汤显祖 101

唐伯元 162

唐甄 14

陶奭 189

天道 8,86,99,115,170

天地之性 见"义理之性"

天理 见"理"

天命 99,100,102,103,106

天命之性 见"义理之性"

"天生本体" 见"我"

天文 198,219,226,229,237,239,240

天主教 见"基督教"

土地(民间信仰的神灵) 174

W

万斯同 189,239

王安石 120,226

《王道论》见《存治编》

王法乾(参看"圣人"条下"王圣人") 6,17,52—54,63,105,109,116,120,124,126,129,130,138,153,157,160,161,167,177,178,180,187,192,199,203,214,215,217,218,227,228,234,236,238,241

王夫之 3

王复礼 189

王伦 185

王懋竑 41

王廷相　95

王五修　12,213,217,224,238—239

王学(参看"陆王学派")　7,142,151,162,233

王阳明(阳明、姚江)　12,16,48,117,129,136,153,155,159,162,166,184,213

王余佑(五公、五公山人)　11,12,104—105,112,138,139,148,163,187,215,224,239,240

王源　45,57,66,75,86,128,140,189,190,192,207,229,239—240

王原　67,73,74

唯物主义　19

魏象枢　240

文昌帝君　170,181,182

文公家礼　见"朱子家礼"

文庙　见"孔庙"

文人(颜元对读书人的批判,参看"书生")　90,130

文武合一　见"武术"条下

"我"("天生本体",作为自我意识)　48,64,105,155,156

无后(无嗣)　见"血脉"条下"断子绝孙"

"无名之辈"　见"庶人"

无生老母(无生父母,参看"真空家乡")　175,176

吴涵 189

吴敬梓 73

《武经七书》 139

武术(兵学、练拳、武学、武艺、习拳、习武,参看"射") 137—143,148,183,184,195,211,217,226,239,240,242

    兵民合一 140

    华北地区习武之风 138—139,184,233,236,237

    明末士人谈兵之风 138,211

    文武合一 137,139,142

    习武经验对颜元学术思想的影响 142—143

    颜元对武术的兴趣与造诣 139—142,213

"五部六册" 175

五公(五公山人) 见"王余佑"

五龙圣母(民间信仰的神灵) 170

"舞"(参看"乐") 134—137,140,159,217,226

"物"(参看"器",颜元思想的重要概念) 101,145

X

惜字(敬惜字纸) 181,182

西学 239,240

希圣希贤 见"成圣"

"习"(颜元思想的核心概念)　7,13,14,66,121,123,136,159,196

 "习"的两面性　7—8,14

 习恭　122,123,135,217,227,229

 习礼(演礼,参看"礼")　8,119,121,135,158,169,196,204,205,216,217,221,227,229

 乡人对习礼的看法　158—159,196,204—205

 作为恶的来源　6,8,99,102,105

习拳(习武)　见"武术"

习行　见"实行"

习斋学舍(习斋祠堂)　200,228—229

细民　见"民众"

下层(下愚)　见"民众"

夏峰(孙奇逢号)　见"孙奇逢"

仙　见"二氏""异端"

现代性　19,30

乡里(里人、里巷、乡党、乡民、乡曲、乡人、乡土,参看"基层社会""民众")　3,6,21,153,156,157,161,163—166,172—174,181,192,194,196,197,199,200,205—208,227

"乡三物"　7,10,11,110,173,189

乡土宗教 见"民间宗教"

《小儿语》 174

小吏 见"吏"

小民 见"民众"

《小学》 160

孝(尽孝、守孝、孝道、孝行、行孝) 4,5,43,47,49,50,53—56,69,70,79,83,84,87—89,103,121,172,173,188,191,194,195,203,216,236,238,241

 代父尽孝 58,107,215—216

 孝道社会 89

 孝感鬼神(行孝引发的灵异现象) 71—73,191

 孝子 5,67,72—75,84,100,186,187

 寻亲(颜元的经历及作为明清孝道叙事的主题) 5,21,67,71—77,175,184,187,188,193,194,222—223

 作为道德动力 69—70

 作为人天关系的隐喻 117,145

 作为心理压力的来源 47,49,50,53,87—89

 作为"忠"的对应物 55

邪教(参看"民间宗教""异端") 170,178

谢野臣 189

心(作为理学术语) 19,56,81,100,103,104,114,120—

124,128,132—134

"心君"(作为身体的一部分) 133

养心 123

正心 121,124,128,204

心理创伤(创痛) 44,55,67,82,87,88

心理能量 64

心理史学(参看"埃里克·埃里克森") 28—31,43,46

心理危机(参看"认同危机") 29,30

心理压力(参看"心理危机""心理障碍""压抑") 47,48,53,59,83,87—89,152

心理障碍 60

心性 19,81,100,138,156

心学 见"陆王"

"行" 见"实行"

"行好"("行好的"、行善、"行善的") 见"善"

行孝 见"孝"

行医 见"医学"

"形" 见"身体"

"性"(理学术语) 8,13,14,17,61,93—95,99—101,103,104,106,107,114—117,122—124,162

养性 122—124,144

性恶论　94

性命　99,114,143,162

性善论　59,60,93—95,99,100,102—104,106,112

性相近　106

性功　115

《性理大全》　6,10,61,213

休谟(David Hume)　96

修善　见"善"

修身　5,121,124,128,133,152,187,204

徐乾学　240

徐世昌　19,57,190

许诰　95

许三礼　188,223,240

薛瑄　213

《学射录》　139,183

学术史　6,19

血脉(血嗣、血胤)　41,80,85,88,131

传宗接代(承嗣、传嗣、继嗣、继宗、立嗣、立子、求嗣、嗣续、延嗣、衍血嗣)　71,78—80,82—88,179—181,204,222—224

断子绝孙(绝嗣、无后、无嗣)　79,85,178,179,181

血脉与学脉(学统)　41—42,88

荀子　94

寻亲　见"孝"条下

Y

压抑(参看"心理创伤""心理压力""心理障碍")　16,29,52,
　　55,64,70,87

颜回(颜、颜子)　79,155,191,236

颜钧　129

颜李学派　6,20,21,66,79,181,189,190,202,207,241

延嗣　见"血脉"条下"传宗接代"

演礼　见"习"条下"习礼"

衍血嗣　见"血脉"条下"传宗接代"

秧歌　159

杨继盛　11,55

阳明　见"王阳明"

养心　见"心"条下

养性　见"性"条下

姚江，见"王阳明"

医术(医生、医学、行医，颜元的医疗实践)　129—135,143—
　　145,148,182—184,195,196,211,213,222,223,233,

235,239

医疗经验对颜元学术思想的影响　130—132,144

伊藤仁斋　122,129

夷夏之辨　81

遗民　15,141,190

移风易俗(淳化风俗,参看"教化")　6,9,152,165,166,169,181

义理(作为"天理"的同义词)　见"理"

义理之性(本然之性、天地之性、天命之性,参看"气质之性")　63,93,94,100,103,145

异端(参看"二氏")　8,24,53,83,89,113,124,169—173,175—179,185,200,206

因果(作为佛教术语)　见"报应"

阴德　85,177

尹会一　160,163,181,191,192

尹焞　138

幼童　见"儿童"

于成龙　188,224

"愚夫愚妇"(作为一种人格形态,参看"如愚")　24,155—156,161,166,184,199,205,206

愚民　见"民众"

玉皇大帝 174

"原型"(思想形成过程的一个阶段) 32—34,112,113,144,146,147

袁黄 85,180

袁枚 204

"乐"(参看"六艺""乡三物") 7,11,78,85,102,121,125,134—137,139,143,145,148,159,191,226,227,239,242

恽鹤生 189,240—241

Z

杂霸 63,124,168

造命(改命) 83,180

皂吏 见"吏"

漳南书院 140,168,185,225,226,235

章太炎 11,141

张公仪 12,129,187,218,240

张履祥 181

张石卿 12,13,106,107,109,112,125,148,187,215,224,241—242

张文升 65,124,221,224,240,242

张载　16,145,184,213

张仲诚　225,228,242—243

真空家乡　见"家乡"

正心见"心"条下

直隶(河北、河朔、冀)　4,9,11,18,138,140,164,169,174,175,179,180,182,184,185,187—189,198,224,233—240,242

治丧　见"居丧"

治水　见"水利"

志怪　194,204

"质"("质赋",理学术语)　见"气质"

《中庸》　25,142

钟錂　45,57,80,83,84,86,132,141,156,158,169,171,178,190,191,201,227—229,243

众人　见"民众"

周敦颐　16,48,213

诸葛亮　79,201

朱季友　59,50

朱熹(晦庵、朱子、朱文公)　6,8,10,13—18,41—43,55,60,61,63,83,93,96,99,100,102,103,106,110,122,128—130,132,136,145,154,155,157,166,181,213,225,234

朱子学(朱学)　10,16,18,62,83,142,157,205,236

朱子家礼(家礼、文公家礼,参看"礼")　10,41,42,60,61,64,68,107—110,157,214,216

朱一新　11

主(神主、神位、生主)　5,68,69,71,78,79,175,200,216—218,220,223

点主　78—79,85,216

曾子　162,191

《资治通鉴》　6,212

子产　137

子贡　118,162

子路　191,235

子夏　184

自暴自弃　25,100,154

宗族(家族)　27,71,76,77,79,176

    家谱　219

    宗法　81

    宗子　52

    族约　219

族约　见"宗族"条下

祖祠　见"祠堂"

祖先(祖宗) 42,77

《左传》 137

"做好事"(民间信仰的概念) 见"善"

坐禅 见"静坐"条下

作圣 见"成圣"

后记

这项研究本不在我的学术计划中,只能视为自己偶尔的一次放逸之举。而我之所以不务正业,溜出来与颜元打了这么久的交道,一个原因是我的上一个课题已经结束,下一个课题尚未展开,中间休息,东看西看,一时兴起,不免"误入歧途"。

这些文章的最初推动者是张循,第一章原本就是由他提出的一个有趣问题激发的,在思考和写作过程中,我细读了颜元史料,又牵连出新的线索,遂有后续的第二、三两章。各章写作完毕,亦经其费力一阅,提出若干修改意见。而在写作过程中,我也常与内子辛旭及学友韦兵等分享和研讨其中的一些观点,复经中国社会科学院近代史研究的刘文楠慷慨拨冗通读一道。他们热情的鼓励和精彩的质疑都体现于修改后的文字中,为本书增色不少。当然,余下的缺陷和错误,则统由我文责自负。此外,北京师范大学出版社的谭徐锋先生,清华大学的靳帅、郑思俊,北京大学的李辉祥几位同学都为我提供了资料方面的帮助,也一并感谢。

2018年6月,经当时还在河北师范大学历史文化学院的杨瑞教授邀请,我曾前往该校演讲,其间拜访了研究颜李学派的大家陈山榜教授,蒙其慷慨惠赠一套《颜李学派文库》。陈先生多年致力此一课题,为学专注,为人豁达,令人钦佩。与王坚、李敏两位年轻学友的交流,亦使我受益良多。

此次又经博野县文联主席孔繁浩和颜元研究室郑文林(现已调回博野中学)两位先生安排,前往博野北杨村和蠡县西曹佐村,拜访颜习斋祠堂和李恕谷墓。颜元族人颜世绪提供了有关祠堂和颜元的资料。这次拜访途中,有两件事使我至今难忘:一件是,习斋祠堂房屋破损,灰尘遍布,油漆脱落,院子里摆放着几块石碑,其中一些是从颜元墓中迁来,而墓地在"文革"中被破坏已尽,于今竟然无存!另一件是,寻找李塨墓时,我们几次向当地人打听,均不得要领,直到遇到一位赶车(在颜元的认识中,赶车就相当于六艺中的"御")的老人,告诉我们:不知道有"李塨墓",但这附近有个"恕谷墓"。这才柳暗花明。此事使我意识到当地仍保留着许多今日已难得一见的礼数。见到父老对李塨的尊重,然而又不无几分隔膜,多少构成本书第三章未有明言的认知"原型"。

郑文林先生是一位素心且热心的绩学之士,多年来搜集了大量地方文献,对之如数家珍。离开博野后,我多次为研究中遇到的问题叨扰文林兄,皆承他不厌其烦,慷慨指授。2021年5月16日,我与陈卓先生再访博、蠡,承文林兄全程招待,辛苦奔波。到蠡县后,并邀请蠡县人大常委会退休干部、第二部《蠡县志》责任编辑张立伟先生作陪。张先生和文林兄一样熟知当地文献,更难得的是,他就是刘村人。因此,在他的指点下,我得以亲睹颜元的出生地——那里现在已无房舍,夹在两户人家中间,只余几株绿槐。这类信息,若非当地饱学之士明告,是无法知晓的。自"路程本"上得来,不如亲自行过。习斋诚不我欺。

本书部分章节曾在四川大学历史文化学院"10—20世纪的中国社会与文化"系列讨论会上提出,并在湖南大学岳麓书院、河北师范大学、中国人民大学做过演讲。2020年,复经清华大学"中国近世文化史专题研究"课程班讨论。参与这些会议、讲座和课程的学友皆曾提出富有启发性的意见,唯因人数太多,不能一一列出。我只想特别提到其中一位,就是清华大学历史系的本科生袁天赐,他的课堂发言表现出的学术积累和见解,给我留下深刻印象。记得5月底最后一次在线课程,他告诉我自己正在住院,遵医嘱要尽早休息,但又不愿错过课程。为此,我安排他在那节课上第一个发言,九点半(那门课排在晚上)就让他下线。当时我全未曾料到,就此竟成永诀!一个月后,忽知他身罹癌症;又过一个月,他竟遽而去世。他交来的课程报告还放在我的案头,而人已去往另一个世界。天妒英才,运命乖戾,令人结舌!我只能祝他在那边安宁快乐,继续他喜欢的读书、思考生活。

书中三章都曾以论文的形式发表过,感谢孔令琴老师、黄兴涛教授和应星教授为此所做的工作。陈卓兄在读过心理史学那章后,鼓励我继续写下后边两章,才有了这本小册子的诞生。南京大学出版社的岳清为本书的编辑投注了大量精力;刘静涵手绘了一幅清初冀中地图,以便读者更加直观地了解颜元主要活动的空间状况。

以上诸位都是本书的接生士,我心存感念,一并表示谢意!

2021 年 5 月 18 日

又记:

经与陈卓兄商定,本书增入一篇"主题索引"。中文书一向不重索引,学者利用不便。在中国学术正逐步走向世界之时,这一点,还是应该向西人学习。从事相关研究的学者,有时凭借索引,会有意想不到的发现。学界是一共同体,与人方便,自己方便。编制索引是一份辛苦乏味的工作,必须手工操作,仅凭电脑检索,可能出现离奇的错误,比如物理学、地理学、生理学都被归入"理学"之目,等等。但手工劳作,同样有疏误的可能。这一点,恳请同仁谅解。

2021 年 7 月 2 日

附记:

2021 年 8 月 5 日,星期四。一大早传来消息:余英时先生已于四天前遽归道山。乍闻噩耗,一时无言。我是被余先生的著作喂养长大的。初读其著述,算来已是三十年前。大三开学返校,火车抵达成都正值夜半,赶到学校时,宿舍还大门紧闭,刚刚下过一场雨,空气里弥漫着一种又清凉又悲伤的气息。无奈何,我走到食堂外的台阶上,借着路灯打开了《士与中国文化》。

没有想到,那次平平常常的阅读成为我此后人生的起点。今日看来,《士与中国文化》重新界定了中国知识人的认同,让我们在历经半世动荡与漂泊之后,还能有根可依,知所趋向。在这四十年来出版的著作中,至少对我个人来说,仅此一部,无可替代。

我在无言中,打开余先生的书,恰好翻到《从政治生态看朱熹学与王阳明学之间的异同》。这也是十多年前读过的。这次重读,忽然想到,颜元对时事的"沉默",恐怕不只是因为我在《导言》中提到的那些理由。他曾在五十五岁时说:"如天不废予,将以七字富天下:垦荒、均田、兴水利;以六字强天下:人皆兵,官皆将;以九字安天下:举人材,正大经,兴礼乐。"此与黄宗羲《明夷待访录》在观点上虽有详略高下之不同,在精神上实不无相通共贯之处,令我们想及那一时期的"政治生态"有可能施加在他身上的压力。自然,阳明转向"觉民行道",是因悟及"得君行道"之路受阻,这和颜元的思路有天壤之别,我这里没有将之混同的意思。我想指出的是,余先生拈出"觉民行道"四字,不但涉及儒学思想史上一个大事件,且对今日之学者尤具非凡之启发。

余先生有一次接受采访时说,儒家相信人人可以成圣,那与外在的职业、地位无关。哪怕一个端茶童子,能够尽到自己的能力,做好自己的事情,有益于人,也可以说是圣人——"这就是我们中国人的理想"。而这也让我想起颜元的话:即使不能做到整体的"圣人",只能得圣人之"一端",亦是"得尺是尺,得寸是寸"。圣人毕竟"是我做得"的。在这个意义上,余先生曾借托马斯·曼的一句语式说的"我在哪里,哪里就是中国",里面那个"我"字,便可指任意一个人。此外,这句话也告诉我们,"中国"之所以是"中国",又全因每一个自居为"中国人"的"我"身上所焕发的那种"文章光华礼仪"。我们无法把自己归入"狼"族,化作禽兽。

谢谢陈卓兄,邀请我在本书马上要送入印刷厂前,匆匆添上几句话,用来向余先生表达一个晚辈读书人的敬意。

2021 年 8 月 5 日